Sina-Aline Geißler
Freundin oder Feindin

Sina-Aline Geißler

FREUNDIN ODER FEINDIN

Rivalität zwischen Frauen

Hestia

Originalausgabe

Umschlagentwurf und -gestaltung: Graphics, Darmstadt
Umschlagfoto Rückseite: © Katharina Hummel
Satz: Utesch Satztechnik GmbH, Hamburg
Gesetzt aus der Bembo
Druck und Bindung: Ebner Ulm
Printed in Germany 1992
ISBN 3-89457-015-6

Inhalt

1. Kapitel

Rivalität zwischen Frauen – gibt es die denn wirklich?

Auskünfte über ein Phänomen

„Rivalität zwischen Frauen – gibt es die denn überhaupt?" fragte mich Peter, ein dreißigjähriger Werbefachmann, als ich ihm erzählte, daß ich ein Buch über dieses Thema schreiben wolle.
„Weiß Gott", seufzte Isabelle, 33, eine Journalisten-Kollegin aus Hamburg, „da könnte ich dir Geschichten erzählen."
„Alles nur Aufhetzerei und Panikmache von den Medien und den Männern!" widersprach Reni, 27, Visagistin. „Ich verstehe mich blendend mit allen Frauen."

Ich beschloß, weitere Stimmen zu sammeln zum Thema weibliche Rivalität. Stimmen von Frauen, aber auch von Männern. Ich bat jeden, der meinen Weg kreuzte, um ein Statement – quer durch die Bundesrepublik, durch die verschiedenen Altersgruppen und Berufsklassen.
Die Antworten waren so unterschiedlich wie die befragten Personen selbst.

„Mein Leben ist geprägt durch Konkurrenzkampf", gibt Martina zu. Sie ist 32, Modezeichnerin in Hannover. „Das beginnt schon morgens nach dem Aufstehen: Sei schön, die andere könnte schöner sein! Und die Werbung schlägt ja voll in diese Kerbe, nicht wahr?"
Martina jedenfalls scheut weder Kosten noch Mittel, um ihre Geschlechtsgenossinnen in Sachen Schönheit und Attraktivität zu übertrumpfen. „Ich ertrage es nicht, wenn eine Frau in meiner Nähe schöner ist als ich, jünger ausschaut oder einen schlankeren Körper hat. Dann muß ich wenigstens die beruflich Erfolgreichere sein."

Beatrice, 40, verheiratet und als Sekretärin beschäftigt, weiß: „Ich strenge mich in jeder Beziehung meist nur deshalb an, weil ich besser als eine andere sein will. Nur ein Beispiel: Die Exfrau meines Mannes brachte Kinder, Haushalt und Beruf nicht unter einen Hut – ich mußte das schon deshalb schaffen, um zu zeigen, daß ich besser bin als sie. Den nicht berufstätigen Müttern beweise ich, daß meine Kinder in der Schule genauso gut sind wie ihre – obwohl ich viel weniger Zeit habe, mich um sie zu kümmern."
Noch stärker aber macht sich der weibliche Konkurrenzkampf im Büro bemerkbar, erzählt Beatrice. „Es geht immer nur darum, wem der Chef am Morgen das längste Lächeln schenkt, wer durch den gewagtesten Rock seine Aufmerksamkeit erregt, welche von uns den anderen suggerieren kann, sie sei mit ihm im Bett gewesen. Irgendwie macht das jede mit – auch wenn es von uns keine zugibt. Im Gegenteil, man gibt sich unter Frauen doch immer als verständnisvolle Zuhörerin, un-

eigennützige Ratgeberin, als Verbündete im Kampf gegen die männliche Unterdrückung, Freundin und Rivalin – das liegt bei uns Frauen wohl sehr nah beieinander."

Renate, 34, Abteilungsleiterin, sieht weibliche Rivalität als den Motor ihres Lebens: „Ich bin heute nur erfolgreich, weil ich mich durch die Leistung anderer Frauen immer wieder herausgefordert gefühlt habe. Ich habe aus meiner Rivalität zu anderen, ob im Beruf oder im privaten Leben, nie einen Hehl gemacht. Als meine Schwägerin sich als talentierte Tennisspielerin erwies und ich merkte, daß mein Mann sie deswegen bewunderte, habe ich so lange heimlich trainiert, bis ich besser war als sie; schließlich wollte ich von ihm bewundert werden. Im Beruf war es nicht anders: Als es um die Besetzung einer Auslandsstelle ging, die natürlich wegen der vielen damit verbundenen Reisen jede gern wollte, lieferten wir uns zu dritt einen wilden Konkurrenzkampf in der Firma: Jede zeigte soviel Haut wie eben möglich, jede blieb am Abend möglichst lange im Büro und suchte nach Anlässen für ein Gespräch mit unserem Chef. Trotzdem saßen wir mittags einträchtig in der Kantine zusammen und haben miteinander gelacht wie die besten Freundinnen. Ich glaube, unter Frauen ist das grundsätzlich so: Da herrscht einerseits ein großer Zusammenhalt und ein Vertrauen wie zur eigenen Schwester, andererseits eine ständige Eifersucht, und die Bereitschaft zum Verrat ist groß, sobald ein Mann auf der Bildfläche erscheint oder ein guter Posten winkt."

Was für viele Frauen, die in unserer Gesellschaft aufgewachsen sind, schon zur Selbstverständlichkeit geworden ist, wird von Frauen, die anderen kulturellen Zusammenhängen entstammen, oftmals viel stärker hinterfragt.
So geht es Birgül, 26, die in der Türkei geboren wurde und zehnjährig mit ihren türkischen Eltern nach Deutschland übersiedelte. Birgül, die heute als Verwaltungsangestellte in einer deutschen Großstadt arbeitet, sagte mir: „Das Verhältnis der Frauen untereinander ist in der Türkei wirklich ganz anders, jedenfalls in den ländlichen Bezirken. Dort besteht noch ein selbstverständlicher Zusammenhalt. Sogar bei Frauen, die mit demselben Mann verheiratet sind. Da wird gemeinsam geschwatzt und gelacht – oder auch geweint –, die Kinder erzieht man zusammen, und keine denkt ständig darüber nach, ob sie wohl talentierter sind als die der anderen. Manchmal denke ich, es gibt diese schlimmen weiblichen Konkurrenzkämpfe hier in Deutschland überhaupt nur, weil die Frauen soviel Zeit dafür haben."

Ihr deutscher Mann Robert, ein Fotograf, gibt ihr recht: „Bevor wir heirateten hatte ich eine Freundin, die hatte überhaupt keinen anderen Lebensinhalt als immer nur die Frage: Bin ich die Schönste? Sehen alle, daß ich zwei Kilo abgenommen habe? Oder auch: Haben wir das größere Auto? Ich hatte oft das Gefühl, daß sie sich manches von mir nur wünschte, weil sie irgendeine ihrer Bekannten übertrumpfen wollte. Der Höhepunkt aber war, daß sie sich, als Birgül in mein Leben getreten war, ihr gegenüber wie eine Freundin verhielt – aber nur, um feine Intrigen spinnen zu können: ‚Hat er dir auch das und das geschenkt?‘ und so weiter. Ständig versuchte sie, einen Keil zwischen uns zu treiben. Dabei hatte sie längst einen anderen Freund. Verstehe einer die Frauen ...“

„Weibliche Rivalität, die gibt's doch in Wirklichkeit gar nicht“, behauptet hingegen Stefan, 35, ein selbständiger Kaufmann aus Süddeutschland. „Das ist wieder so eine fixe Idee, die sich nur in den Köpfen einiger hysterischer Frauen abspielt. Die Frauen sehen da etwas, das es nicht gibt, wenn man genau hinschaut. Meine Frau erzählt mir manchmal nach einem Fest mit Bekannten: ‚Hast du gesehen, wie die geguckt hat? Die hat was gegen mich!‘ Oder sie behauptet, eine andere Frau hätte ein bestimmtes Kleid getragen, nur, um sie zu ärgern, oder sie hätte mit mir getanzt, um sie eifersüchtig zu machen.“
Für Stefan sind das alles Hirngespinste: „Vielleicht wird das Leben für die Frauen so interessanter, oder sie haben nichts Besseres zu tun. Aber einen wirklichen Grund, eine andere Frau als Rivalin zu betrachten, gibt es doch wohl in den seltensten Fällen.“

Das sieht Wolfgang, 43, ein verheirateter Lehrer, ganz anders. Sein Vorschlag: „Vielleicht sollte man offene Schlammschlachten für Frauen arrangieren, Boxkämpfe oder dergleichen. Ich glaube, manche Frauen brauchen diese Möglichkeit, sich aneinander abzureagieren.“
Erfahrungen mit weiblicher Rivalität hat er sowohl im privaten wie im beruflichen Bereich. „Ich weiß gar

nicht, was ich schlimmer finden soll: die jahrelangen gegenseitigen Quengeleien zwischen meiner geschiedenen Frau und meiner jetzigen (dagegen ist der Denver-Clan ein Lustspiel) – oder die ewigen Intrigen zwischen rivalisierenden Kolleginnen (da wird die Entscheidung, wer mit ins Landschulheim fahren darf, zur Existenzfrage)." Über solcherlei Verhalten kann Wolfgang nur den Kopf schütteln. Und er ist auch längst nicht mehr bereit, die Aktionen der einen Kollegin mit einer anderen zu diskutieren. Er möchte nur noch in Ruhe gelassen werden.

Ebenfalls ausschließlich negative Erfahrungen gemacht hat Petra, 23, Studentin. „Kein Tag vergeht, an dem ich nicht zumindest einen giftigen Blick oder eine schnippische Bemerkung einer anderen Frau serviert bekomme. Vielleicht sollte ich nur noch in Sack und Asche herumlaufen. Anscheinend können andere Frauen nicht damit leben, daß ich nicht gerade unattraktiv bin. Was mir selbst inzwischen manchmal mehr als eine Strafe denn als Vorzug erscheint, denn so langsam werde ich immer unsicherer. Ich weiß gar nicht mehr, wie ich mich anderen Frauen gegenüber verhalten soll."

Richard, 43, Rechtsanwalt aus Hamburg: „Weibliche Rivalität spielt sich hauptsächlich auf zwei Ebenen ab. Erst einmal auf der beruflichen. Ich erlebe den Konkurrenzkampf zwischen Frauen tagtäglich in meiner Kanzlei. Da wird gekämpft, intrigiert und gestochen. Da werden die Röcke immer kürzer und die ‚Angebote' immer eindeutiger. Ich finde es schade, bin aber der Ansicht, daß man es den Frauen nicht zum Vorwurf machen kann. Denn noch immer sind die Chancen einer Frau, Karriere zu machen, einen begehrten Posten zu erhalten, relativ schlecht. Männer werden noch immer bevorzugt, ich erlebe das immer wieder. Also ist auch der Konkurrenzkampf unter den Frauen viel ausgeprägter und gnadenloser. Ich glaube, wenn Frauen tatsächlich die gleichen Chancen wie die Männer hätten, sich beruflich zu etablieren, würde – wenn überhaupt – sehr viel sachlicher gekämpft werden."

Ganz anders bewertet Richard die weibliche Rivalität auf der privaten Ebene. „Hier geht es meist um Liebe, Anerkennung und Begehren. Da bin ich oft sprachlos vor Staunen und auch Unverständnis. Ein Beispiel vielleicht: Meine Freundin und ich suchten eine neue Wohnung. Endlich bekamen wir ein verlockendes Angebot, und wir trafen uns mit der Maklerin. Diese Maklerin hatte zwei Fehler: Erstens sah sie gut aus – sie hatte langes dunkles Haar, und ich mag das sehr gern –, zweitens war sie auch noch freundlich zu mir – zu meiner Freundin zwar auch, aber das schien keine Rolle zu spielen. Die Stimmung meiner Freundin war dahin und die wirklich schöne Wohnung plötzlich nicht mehr von Interesse. Als wir wieder allein waren, tobte sie los, sie werde von ‚dieser Person' keine Wohnung nehmen, ganz gleich, was sie uns anbiete. Was will man dazu noch sagen? Da kommt man mit Argumenten nicht weiter.

Ich merke auch, daß sie sofort empfindlich reagiert, wenn ich ihr zu ausführlich oder zu interessiert von einer Klientin erzähle. Sie will dann wissen, wie alt sie ist, ob sie eine attraktive Figur hat und so weiter. Am liebsten wäre es ihr wohl, ich wäre nur von Männern umgeben oder von ganz unscheinbaren alten Damen, bei denen sie sicher sein kann, daß sie jenseits von Gut und Böse sind."

Solcher Konkurrenzneid im Privaten hat natürlich seine Ursachen. Regine, 32, Künstlerin, bringt es rhetorisch auf den Punkt: „Solange Frauen von den Männern wie bei einer Fleischbeschau beurteilt werden, solange eine Frau nach zwanzig Ehejahren einfach abgeschoben und durch eine jüngere – Frischfleisch! – ersetzt wird, so lange ist es kein Wunder, daß Frauen unter enormen Vergleichsängsten leiden. Wenn's sein muß, bringen sie sich gegenseitig um – und massakrieren sich selbst, um dem überheblichen Anspruch ihres alternden Gatten zu genügen, eine ewig junge, verführerische, schlanke, vollbusige Frau sein eigen nennen zu können."

Susanne, 28, Übersetzerin, kommt, als ich sie nach ihren Erfahrungen mit weiblicher Rivalität frage, ganz schnell auf ihre Kindheit zu sprechen: „Da ging es schon los mit der Rivalität. In unserem Viertel lebte eine Familie, die sehr reich war. Jedenfalls besaßen diese Leute ein sehr großes Haus mit eigenem Swimmingpool. Und wir Mädchen wetteiferten alle darum, bei der Tochter eingeladen zu werden, und wollten sie unbedingt zur Freundin haben. Meine Schwester und ich waren dann wirklich lange Zeit dick mit ihr befreundet, und wir kämpften hart gegen alle, die sich zwischen uns zu drängen versuchten. Es machte uns dann eine fast sadistische Freude, die Konkurrentinnen reinzulegen. Wir luden sie ein, angeblich im Namen des Mädchens, und wenn die dann mittags mit ihrem Schwimmzeug antrabten, lachten wir sie aus und schickten sie wieder nach Hause. Später lebte ich in einer Wohngemeinschaft mit drei Männern und einer Frau. Da passierte es oft, daß die Freundinnen der Männer auf mich eifersüchtig waren. Das merkte man sogar am Telefon an der Art und Weise, wie sie nach ihrem Freund fragten, und zwischen der anderen Frau in der WG und mir herrschte ein unausgesprochener Kampf: Wer wird mehr umworben von den drei Männern? Wem gießt er zuerst Kaffee ein, mit wem sitzt der andere nachts länger in der Küche und so weiter und so fort. Heute würde ich für mich selbst sagen, daß ich anderen Frauen gegenüber keine grundlegende Rivalität empfinde. Neid schon, aber dann so, daß ich eben auch gerne das haben will, was eine andere besitzt: eine gute Beziehung, eine tolle Stellung, flippige Klamotten. Und ich kann sehr eifersüchtig sein. Aber das hat dann auch jeweils einen konkreten Grund. Ansonsten komme ich – zur Zeit wenigstens – ganz gut klar mit meinen Geschlechtsgenossinnen."

Das kann Lydia, 37, Redakteurin, nicht von sich sagen. Dabei war sie eine Anhängerin der „68er", sagte: „Wir sind Schwestern, es lebe die weibliche Solidarität!" – „Alles Humbug", meint sie inzwischen fast ein wenig verbittert, „heute fürchte ich nichts so sehr wie eine andere Frau in meinem Blickfeld." Der Grund?
„Die Hemmungslosigkeit, mit der andere Frauen versuchen, mich aus dem Rennen zu werfen. Die Schamlosigkeit, mit der sie sich zu behaupten suchen. Da flattern dem Chef anonyme Briefe auf den Schreibtisch, in denen ich schlechtgemacht werde; da streicht meine

direkte Vorgesetzte mit sichtlichem Genuß meine schönsten Textstellen; da wirft sich eine jüngere Kollegin bei einem Betriebsfest so ungeniert an meinen Mann heran, daß selbst mir Hören und Sehen vergeht. Ich bin enttäuscht von den Frauen, fühle mich von ihnen verraten. Weil ich meine Tochter nur am Wochenende sehe, werde ich als Rabenmutter beschimpft. Nicht etwa von ihr, nicht von den Männern, nein, von den anderen Frauen! Heute glaube ich, der schlimmste Kampf steht uns Frauen noch bevor – es ist der in den eigenen Reihen ..."

„Frauen sind immer miteinander gegen etwas oder gegeneinander", das behauptet Thomas, 29, Fotograf.

„Ich empfinde eine tiefe Freundschaft allen Frauen gegenüber. Wir sind gleich, wir verstehen uns. Natürlich gab's schon mal Eifersucht wegen eines Mannes, aber das hat nichts mit den Frauen und ihrem Verhältnis zueinander zu tun." Andrea, 34, Bildhauerin, setzt deutlich Prioritäten:
„Meine Freundinnen stehen für mich an erster Stelle. Männer und Affären sind austauschbar. Ich habe eine sogenannte beste Freundin. Sie ist für mich das Wichtigste im Leben und wird es immer bleiben. Sie weiß mehr über mich als irgendein anderer Mensch. Ganz gewiß mehr als jeder Mann, mit dem ich je zusammen war."

Michael, 51, Graphiker, sieht sich der Rivalität unter Frauen vor allem im Privatleben ausgesetzt. „Im Verhältnis von Frau zu Frau steckt eine große Hinterlist, vor allen Dingen unter sogenannten Freundinnen.

Meine derzeitige Freundin beispielsweise ist – wie ich – mit einer Frau befreundet, die sie in Wirklichkeit jedoch für ihre größte Rivalin hält. Sind wir zu dritt, begegnet sie dieser Frau mit ausgesuchter Freundlichkeit, ja Herzlichkeit. Anscheinend will sie sich da keine Blöße geben, doch hinter dieser Freundlichkeit verbergen sich Argwohn und tiefstes Mißtrauen. Sobald wir dann nämlich wieder allein sind – als Paar also –, fliegen die Fetzen: ‚Hast du nicht gesehen, daß sie ... wie sie und überhaupt?' Und dann nötigt sie mich beinahe dazu, die andere schlechtzumachen, verlangt quasi, daß ich ihr die Freundschaft aufkündige. Und diesen Krieg führt sie mit allen Waffen einer Frau: Tränen, Hysterie, Drohungen, erotischen Avancen."

Am meisten verwirrt Michael, daß seine Freundin, kaum hat sie ihren „Sieg" errungen, der verhaßten Rivalin übers Telefon freundliche Worte ins Ohr flötet.

„Mir ist solcherlei Verhalten sehr fremd. Männer haben es da allerdings vielleicht auch leichter. Ihre Rivalität wird von der Gesellschaft nicht nur toleriert, sondern sogar gefördert. Ein Mann gilt als Kämpfer und der Kampf unter Männern als mehr denn legitim, fast schon als ehrbare Pflicht. Früher duellierten sich männliche Kontrahenten. Und für dieses Duell gab es Regeln. Auch heute ist der Konkurrenzkampf unter Männern noch an gewisse Regeln gebunden.

Rivalität gilt noch immer als unweiblich. Männer können all ihre Konflikte offen austragen, und selbst der rüdeste Schläger wird zumindest noch als harter Mann angesehen. Eine Frau, die ihre Rivalität eingesteht, wird jedoch nicht selten als psychisch lädiert eingestuft."

„Vor wenigen Wochen hätte ich auf diese Frage geantwortet, daß es weibliche Rivalität gar nicht gibt. Vielleicht war ich zu naiv oder einfach blind", erklärt Simone, 42, Graveurin. „Ich glaubte, daß es nichts gäbe, das meine Freundschaft mit Ulrike je zerstören könnte. Aber dann sagte sie mir die Wahrheit. Sie brauchte nur eine Stunde. Und sie warf mir alles an den Kopf – wie lange sie mich schon haßt, wie egoistisch sie mich immer fand, wie kalt und berechnend. Und sie sagte, daß sie deshalb auch kein schlechtes Gewissen hätte, mit dem Mann zu leben, von dem sie wußte, daß ich ihn sehr begehrte. Das war das Ende. Das Ende unserer Freundschaft und das Ende meiner Illusion . . ."

Doch es sind nicht nur Kolleginnen oder Freundinnen, die als Mitbewerberinnen begriffen werden. „Meine größte und einzige Rivalin ist meine Mutter", sagt Annette, 26, Schauspielerin. „Schreiben Sie bloß nicht meinen Namen, aber sie hat mir einfach alles voraus. Sie hat alles schon gemacht und erlebt – und das mit Bravour. Sie kennt jeden, den ich gerade einmal kennenlernen darf, und sie weiß alles besser. Das Schlimmste: Sie ist auch noch bildschön. Selbst heute, mit über fünfzig. Ich kann gegen diese Frau immer nur verlieren, das habe ich längst eingesehen.
Und doch: Einmal, in irgendeinem Punkt, möchte ich gerne die Bessere sein, oder zumindest ganz anders als sie. Ich träume davon, das Gretchen im Faust zu spielen, eine Rolle, von der sie zeit ihres Lebens geträumt hat. Aber selbst wenn es mir gelingen sollte, diese begehrte Rolle je zu bekommen, wird meine Darstellung wahrscheinlich verrissen werden und meine Mut-

ter mit Trost und guten Ratschlägen gewiß nicht sparen. Vielleicht habe ich ja auch noch andere Rivalinnen. Aber die fallen kaum ins Gewicht, weil ich immer zu sehr mit der einen beschäftigt bin . . ."

Rivalität unter Frauen – gibt es die also wirklich?
Meine eigene Erfahrung zwingt mich, diese Frage mit einem lauten Ja zu beantworten. Und die Resonanz der Leserinnen einer Frauenzeitschrift, die im letzten Sommer zu diesem Thema einen Artikel von mir veröffentlichte, gab mir leider (?) recht. Es gibt den erbarmungslosen Konkurrenzkampf unter Frauen. Weibliche Rivalität ist weder nur ein willkommenes Medienthema noch pure Panikmache der Herren der Schöpfung. Vielmehr scheint es sich hier um ein weiteres „letztes" Tabu unserer Tage zu handeln. Längst erkannt und doch verschwiegen. Ein hartes Tabu, das mit sanftem Lächeln abgetan wird.
Und genauso wird die weibliche Rivalität auch ausgetragen: weiblich sanft, geschickt bemäntelt und doch grausam und gnadenlos, tückisch und konsequent. Warum das so ist, haben Psychologen, vor allen Dingen Frauen unterschiedlichen Alters, unterschiedlicher Herkunft und aus verschiedenen Berufen aufzudecken versucht, indem sie ihre Erfahrungen im weiblichen Konkurrenzkampf offenbarten.

Ein ganz normaler Tag im Leben einer ganz normalen Frau

Die Frau mit dem langen blonden Haar kommt langsam auf mich zu.
Lächelnd.
„Komm!“ lockt sie mit der verheißungsvollen Stimme einer guten Fee und streckt mir ihre Hand entgegen. Ich ergreife sie glücklich und schwebe ihr entgegen. Blitzschnell zieht sie mich an sich heran, ihre Arme pressen sich um meinen Körper, ihre Fingernägel krallen sich in meine Haut. Ich bin fassungslos, wehre mich, so gut ich kann.
Ihr liebliches Gesicht hat sich in eine wütende Fratze verwandelt. Ihr langes Haar windet sich um meinen Hals und meine Arme. Ich habe das Gefühl, von Schlingpflanzen umfangen zu sein. Wir kämpfen, kreischen, zerren und beißen, fallen zu Boden. Sie ist stärker, hält mich im Würgegriff gefangen. „Du Luder, ich zeig's dir“, stößt sie zwischen zusammengepreßten Lippen hervor. Ihre geballte Faust kommt auf mich zu wie ein riesiger Schatten. Dunkelheit. Ein endloser Schrei.

Der Schrei weckt mich, und der Mann, der im Dunkeln neben mir liegt, schnellt entsetzt aus den Kissen hoch.
„Was ist?“
„Ein Alptraum“, sage ich, noch ganz benommen, „eine blonde Frau griff mich an und kämpfte mit mir.“
„Du und deine Eifersucht auf alles Blonde“, brummt er verschlafen.

Ich streite nicht. Es ist sowieso Zeit zum Aufstehen, stelle ich nach einem Blick auf den Wecker fest.
Im Nebenzimmer ertönt eine helle Kinderstimme.
„Mama, ich habe Durst!"
David. Mein Sohn. Ich schüttele energisch die Erinnerung an die blonde Traumgegnerin ab. Der Kampf gegen die alltäglichen Kleinigkeiten wartet auf mich.

Im Badezimmer blickt mir das verquollene Gesicht einer Fünfunddreißigjährigen entgegen. Entsetzlich. Dabei bin ich erst einunddreißig, aber das Leben ist hart, und die Konkurrenz schläft bekanntlich nicht. Eine halbe Stunde dauert der unerbittliche Kampf gegen die Spuren der nächtlichen Anstrengung und die des Alters. Massage, Peeling, Lifting-gel, Make-up, Puder, Rouge. Die Haare hochgestylt. Fertig. Das Ergebnis kann sich sehen lassen. Zweifellos. Die Mühe hat sich gelohnt, stelle ich im Spiegel fest: neunundzwanzig – und keinen Tag älter.

Es bleiben zehn Minuten fürs gemeinsame Frühstück. „Mama ist schön", sagt David, und ich liebe ihn dafür. Roland, mein Mann, schweigt. Er starrt gerade verzückt auf die Kulturseite der heimischen Tageszeitung. Ich begreife auch bald warum: Sie ist abgebildet – Lena, meine Vorgängerin und leider eine begnadete Schauspielerin am hiesigen Theater. Da liegt sie, spärlich bekleidet, mit langem blondem Haar, am Boden ausgestreckt. Letzter Akt. Die Sterbeszene.
„Überwältigend", meint der Kritiker. Zugegeben, sie sieht gut aus. Aber Roland betrachtet sie einfach *zu* lange. „Lad sie doch mal wieder ein", schlage ich voller

Sanftmut vor und klopfe mir im Geist anerkennend auf die Schulter.
Du hast sie gut gelernt, deine Lektion über (und gegen) unnötige Eifersucht.

Dann muß ich los. Die Stechuhr wartet. Auch für eine Modedesignerin in einem modernen Versandhaus. Kaum zu glauben, aber wahr. Ich steige in mein neues rotes Traumkleid. Eigentlich wollte ich es bei einem besonderen Anlaß zum ersten Mal tragen, aber was soll's? Ich brauche Trost. Trost wegen der blonden Traum-Kämpferin, wegen Lena und überhaupt. Das Kleid ist ein Einzelstück, wie mir die Verkäuferin versicherte, und wie für mich kreiert. Der Spiegel bestätigt ihre schmeichelnden Worte: perfekt.

Mit dem Bewußtsein, attraktiv und einzigartig zu sein, steige ich in die ewig überfüllte U-Bahn. Mein Blick streift über die Meute berufstätiger Frauen. Zufrieden registriere ich ihre Einheitskleidung: für die erfolgreiche und selbstbewußte Frau. Lagerfeld und Sander lassen schön grüßen. Hah! Ich lasse mir Mode nicht diktieren. Was ich nicht selbst entwerfe, finde ich zielsicher in einer unentdeckten Edel-Boutique fern der Massen. Stolz. Mein Hals reckt sich unversehens einen halben Millimeter höher. Bester Laune und nichts Böses ahnend betrete ich wenig später die prunkvolle Eingangshalle des Versandhauses. Guten Morgen! – Guten Morgen! Der Stechuhrkasten ist geschickt hinter einer Tür verborgen. Im silbernen, verspiegelten Aufzug schwebe ich nach oben in den achten Stock. Modedirektion. Im vierten Stock steigt Frau Dierks aus dem

Chefsekretariat zu. Guten Morgen! Ihr Lächeln erstirbt augenblicklich. Ich begreife nicht, warum – bis sie ihren hellen Trenchcoat öffnet. Zwei identische rote Kleider „blicken" sich sprachlos an. Und bald darauf wir uns selbst. Ich fassungslos, sie bitter lächelnd.
„Boutique Monique, Kleine Kettengasse, ein Einzelstück, wie für Sie kreiert", höhnt sie. Ich nicke zerknirscht. Der Kampf um den Kommerz ist gnadenlos. Immer und überall. Immerhin tröstet mich die augenscheinliche Gewißheit, daß mir das rote Kleid sehr viel besser steht als ihr. Ich beschließe, sie als unfreiwillige Werbeträgerin für mich selbst zu betrachten.

Also Nase hoch und durch die verchromte Schwingtür ins Modereich. Guten Morgen! Behendes Treiben hinter Schreibtischen und Zeichenbänken. Die Praktikantin gibt ihre Wochenend-Liebesabenteuer zum besten. Unsere verheirateten Kolleginnen hängen ergeben an ihren kirschroten Lippen. Das habe ich nicht nötig. Schließlich spielt sich in meinem eigenen Schlafzimmer wenigstens genausoviel ab, wenn nicht mehr. Sollen die jedenfalls glauben.
„Ah, meine Liebe ..." Der allseits verehrte und ebenso gefürchtete Direktor unserer Abteilung, wie immer in einem innovativen Outfit (lila Anzug, rosa Hemd und hellgrüne Krawatte) begrüßt mich. „Ich habe Ihre Entwürfe gesehen. Kommen Sie doch bitte gleich in mein Büro!" fordert er mich auf. Und dabei strahlt er.

Die neidischen Blicke meiner Kolleginnen verfolgen mich, als ich ihm in die berühmt-berüchtigte Höhle des Löwen folge. Enttäuschung. Wir sind nicht allein. Neben den Herren Vorsitzenden sitzen noch zwei Kollegen: Herr Krause und Frau Sievers – ausgerechnet, die Sievers.

Es sei eine schwere Entscheidung zu treffen, erklärt der Direktor mit honigsüßer Stimme und lächelt mir zu wie ein Verschwörer. Alle Entwürfe seien interessant, sagt er, man wolle sich die Wahl auch nicht leichtmachen, schließlich ginge es ums Titelbild des neuen Sommer-Badekatalogs. Bla-bla-bla.

Ich starre auf die drei Zeichnungen an der Pinnwand hinter seinem Kopf. Ohne Zweifel, mein Entwurf ist um Längen besser als die anderen Entwürfe. Aber wenn er es denn schon nicht werden sollte, lieber Gott, nein, lieber Herr Direktor, ich flehe Sie an, nehmen Sie wenigstens die Zeichnung von Herrn Krause. Nur nicht *ihre*. Die Vorstellung, Frau Sievers, diese neidische, blöde, eingebildete Dilettantin, könne über mich triumphieren, nein, also wirklich! Lieber gegen einen Mann verlieren. Ich schicke ein stummes Gebet in seine Richtung. Er erhört mich, wenn auch auf andere Weise. Er will meine Zeichnung. Ein Glückstag.

Kollege Krause gratuliert mir unbefangen. Kollegin Sievers mißt mich mit Eisesblicken, rempelt mich beim Hinausgehen an der Türe an und zischt, sie wolle gar nicht wissen, wie ich ihn von meinen Qualitäten überzeugt hätte.
Neidische Tucke. Zumindest die anderen Mitarbeiterinnen freuen sich über meinen Erfolg. Wir feiern in der Kantine.

Ich halte mich an Salat und Mineralwasser, meine beiden anderen Kolleginnen schlagen zügellos zu: Makkaroniauflauf, Kaiserschmarren und süße Limonade. Verbittert stochere ich in grünen Blättern und betrachte neidvoll ihre schlanken Taillen. Kunststück, schließlich habe ich ein Kind geboren.
„Ja, ja“, versucht mich denn auch die jüngere der beiden zu trösten, „ich kenne das von meiner Schwester. Hatte immer eine absolute Traumfigur, aber nach dem ersten Kind war alles hin, da kann man gar nichts machen.“
Es lebe die Offenheit.

Apropos Kind. Am Nachmittag rase ich aus dem Versand heim. Schwingtür, Aufzug, Stechuhr. Bis morgen.
U-Bahn. In der Scheibe erschrecke ich vor meinem Gesicht. Das Bild einer abgehetzten Mittdreißigerin starrt mir entgegen. Die Scheibe. Es ist nur diese Art von getönter Scheibe, beruhige ich mich mühsam. Keine Zeit für eitle Fragen, die Tore des Kindergartens schließen gnadenlos pünktlich. Vor dem Gruppenzimmer stehen bereits die anderen Mütter. David streckt mir weinend ein Ungetüm aus Pappe entgegen.
Das sollte ein Flugzeug werden. Frau Müller, ganz stolze Mutter eines immer properen Zwillingspärchens, hält mir mit vielsagender Miene und vorwurfsvollem Blick die perfekt geklebten Exemplare ihrer Sprößlinge unter die Nase.
Was soll denn schon aus einem Kind werden, das mit einer egoistischen, berufstätigen Mutter geschlagen ist?
Ich nehme die Schmach gelassen hin und meinen Sohn

aufmunternd an die Hand. Im nächsten Spielzeugladen darf er sich das größte Flugzeug aussuchen.
Verantwortung hin, Erziehung her.
David strahlt.

Danach Kurzvisite im Krankenhaus. Meine Mutter lächelt glücklich. „Simone war auch schon da. Schau nur, der riesige Rosenstrauß!“ Ich blicke beschämt auf den kleinen kümmerlichen Wiesenstrauß, den David kurz zuvor im Klinikpark zusammengerupft hat. Simone hat ihr natürlich die schöneren Blumen gebracht. Meine stets engagierte Schwester. Immer zuerst da, immer besser. „Stell dir vor, Herbert wird noch in diesem Jahr in den Vorstand aufgenommen!“ Ja, schön. „Glückwunsch.“ Natürlich steigt auch Simones Mann viel schneller auf der Karriereleiter nach oben als meiner. Der frühstückt lieber ausgiebig mit seinem Sohn und verbringt die Wochenenden mit uns. Schau doch, Mutter, ich habe dir einen Enkel geschenkt!

Der langweilt sich und quengelt.
„Du erziehst ihn viel zu nachlässig“, meint meine Mutter naserümpfend, „Simone meint auch ...“
Ah ja. „Komm doch Sonntag zum Essen! Lisbeth kommt auch.“ Lisbeth ist meine Schwiegermutter.
„Nein“, erwidert sie sehr bestimmt, „wenn diese Frau kommt, bleibe ich weg. Die hat was gegen mich.“ Ihre Stimme bebt, als sie mir erklärt: „Die ist neidisch auf mich, weil ich noch viel rüstiger bin als sie, weil ich zwei Kinder habe, die sich um mich kümmern, glaub mir ...“
Weiß der Himmel, warum sich alte Frauen immer wie zänkische kleine Mädchen benehmen müssen ...

Einkaufen steht auf dem Programm. Kinderbeladene Einkaufswagen schlängeln sich geschickt durch die Gänge. Beim Obst- und Gemüsestand tobt eine wilde Schlacht. Wer kriegt die knackigsten Tomaten, den grünsten Salat, die runzligsten Bio-Äpfel?
Nein, David, Lisa, Jonas, Johannes und wie ihr alle heißt, es gibt nichts Süßes! Ist schlecht für die Zähne. Eine Möhre vielleicht...?
Taxierende Blicke in die anderen Einkaufswagen. Jawohl, wir sind ernährungsbewußte Mütter und Ehefrauen. Gesundheit vor Bequemlichkeit. Die Fertiggerichte bleiben in den Regalen. Ich bedecke mit der recycelten Haushaltspapierrolle schamvoll die kandierten Erdnüsse für den Fernsehabend. Damit sie nur keine andere sieht...

„Ah, der kleine David und seine Mama", begrüßt uns die Nachbarin überschwenglich. „Ihr Mann ist ja so hilfsbereit. Er hat mir meine ganzen Einkäufe ins Haus geschleppt. Ein wahrer Kavalier, man findet das ja so selten. Wirklich, Sie können stolz sein auf ihn."
Mein Stolz ist beinahe grenzenlos, als ich, bepackt wie ein Maulesel, ins Haus trete, einen zappelnden, weil übermüdeten Vierjährigen am linken Ärmel. Der seltene Kavalier lächelt mir träge aus dem Fernsehsessel entgegen: „Wann gibt's Essen?"
„Frag doch unsere Nachbarin!" gifte ich ihn an. „Fremden Frauen hilfst du ja immer, nur die eigene Frau..." Ich finde mich lächerlich und werde noch wütender. Mitten in mein Gezeter läutet das Telefon. Zunächst höre ich nur ein ersticktes Schluchzen,

dann ein Aufschrei. Dann lange Zeit nichts. Das muß Bea sein, meine Freundin.
„Er ist ein Schwein!"
„Wer ist ein Schwein?"
„Stefan, natürlich."
Ach so, ja, Stefan. Ich schneide Gemüse und rühre die Suppe an, während sie ihre letzten schrecklichen Erfahrungen in mein Ohr schluchzt. „Ist das nicht das allerletzte, sag doch!"
Was? Ach so. „Nein", widerspreche ich trotzig (weiß der Himmel, woher die plötzliche ehrliche Anwandlung kommt). „Nein, ich finde, du verhältst dich bescheuert."
Ein bedrohliches Schweigen erfüllt die Telefonleitung. Aber nicht lange, dann geht's los. Das sei das letzte. Ich, ausgerechnet ich, die einzige Vertraute, die einzige Freundin, eine Hochverräterin – verständnislos, kalt und grausam. Und willst du nicht meine Schwester sein ... Immerhin ist sie so erbost, daß sie gleich ihn anrufen will, das Schwein, das keines mehr ist, weil ich jetzt eine Hochverräterin bin. Na, wenn das kein wahrer Freundschaftsdienst war ...

Beim anschließenden Abendessen erzählt Roland arglos von einer neuen Kollegin. Erst 24, aber so begabt und so erfolgreich.
Ich schlucke. „Ist sie hübsch?" will ich wissen.
„Ja", sagt Roland, und ich hasse ihn fast dafür. Ich bin auch begabt, auch erfolgreich und auch hübsch – aber eben nicht mehr 24. Na warte! „Vielleicht solltest du weniger flirten und dich mehr um deinen eigenen Erfolg kümmern", erwidere ich schnippisch. „Herbert ist drei Jahre jünger als du und wird schon dieses Jahr ..."

„Du klingst wie deine Mutter", entgegnet er verächtlich.
Das ist zuviel! „Ich bin nicht wie meine Mutter!" – Ich bin *nicht* wie meine Mutter! Alles, nur das nicht!

Es läutet. Sabine, meine Freundin. Fast hätte ich sie vergessen. Heute ist ja Kinoabend. Seit Jahr und Tag: Montag = Kinotag. Roland führt sie ins Wohnzimmer. Doch was soll das? Eine zweite Frau betritt hinter ihr den Raum.
„Eine alte Freundin aus Kassel, überraschend zu Besuch, ich dachte, wir gehen zu dritt..."
Ich koche. Wieso zu dritt? Sabine ist *meine* Freundin. Ich wollte mich bei ihr aussprechen, die Fortsetzung ihrer Liebestragödie hören – und jetzt? Wie die andere schon an ihrer Seite klebt. Geradezu peinlich. Ich setze meine arroganteste Miene auf und stolziere in auffälliger Distanz hinter den beiden her zum Wagen.
Der Abend wird zum Reinfall. Wie hätte es auch anders sein können? Schuld ist nur die andere, enttäuscht bin ich von Sabine. Wie konnte sie mich bloß zwingen, *unseren* Kinotag mit einer anderen zu teilen? Wir wetteifern um gemeinsam verbrachte Jahre und Erinnerungen. Mag sein, daß die andere eigentlich nett ist, aber für diese Feststellung fehlen mir an diesem Abend ganz einfach Lust und Ausdauer.

Nach zähen zwei Stunden lasse ich Freundin und Nebenbuhlerin verbittert allein und rette mich in eine Bar. Dunkles Licht, kaum besetzte Tische. Wenigstens die Musik ist gut, und am Tisch gegenüber sitzt auch eine Frau allein. Tröstlich. Ich blicke kaum auf, als die Tür

aufgeht und eine Gestalt im hellen Trenchcoat meinen Tisch streift. Ein Endvierziger, Typ ewiger Student, läßt sich auf einem Barhocker nieder. Überanstrengt, vergeistigter Blick. Ganz und gar nicht mein Fall, diese verkrachten Philosophen. Der Blick seiner nickelbebrillten Augen gleitet über mein Gesicht, verweilt einen kurzen Augenblick und schweift dann weiter zu der Dunkelhaarigen am Tisch gegenüber. Er starrt gebannt, lächelt fasziniert und steuert entschlossen ihren Tisch an. Irritiert mustere ich die andere. Was hat sie, das ich nicht habe? Zugegeben, ihre dunkle Mähne fällt auf, aber sonst? Gekränkt verlange ich die Rechnung und verlasse die Stätte meiner Niederlage. Nichts wie nach Hause. Zumindest wartet da einer, der *mich* attraktiv findet!
Derjenige, welcher telefoniert, als ich die Wohnung betrete. Mit einer Schäfchenstimme, die er sonst nur hat, wenn ich und er ... Na ja ...
Lena. Wer sonst?
„Sie freut sich über die Einladung und kommt am Samstag", erklärt er, nachdem er aufgelegt hat, „ihr letzter Tag. Danach geht sie auf große Europatournee."
Ach wirklich? Wundervoll. Europatournee ...

Ich will nur noch ins Bett. Roland haucht einen Gutenachtkuß auf meine Nase, dreht sich zur Seite und schläft. Beneidenswert. Ich grüble über Sabine, Frau Sievers, Bea, Frau Müller und natürlich über Lena, den Superstar.
„Du." Ich rüttele aufgeregt Rolands Schulter. „Wach auf!"
Er zeigt mir ein verschlafenes und erstauntes Gesicht.

„Mein Entwurf! Mein Entwurf kommt aufs Titelblatt! Europaweit!"
„Wie schön", murmelt er und schläft weiter.
Gleich darauf fallen auch mir die Augen zu. Gnädig werden meine Sinne in einen erlösenden Schlaf entlassen. Doch schon beim Hineintauchen in die sanfte Welt des Unbewußten erkenne ich sie wieder. Ihr blondes langes Haar flattert im Wind. Ihr Lächeln ist sanft. „Komm!" lockt sie...

Rivalität – nichts für Frauen?

Frauen kritisieren männliche Machtspiele mit Vehemenz, und das männliche Konkurrenzdenken ist ihnen zutiefst zuwider. Ihre eigenen Konkurrenzgefechte jedoch spielen sie herunter, so als gäb's sie gar nicht. Die Zeit ist jedoch reif, auch darüber zu sprechen. Denn Frauen rivalisieren ebenso verbittert miteinander und gegeneinander wie Männer. Immer und überall und bei jeder Gelegenheit. Beruflich und privat. Versteckter als die Männer, aber um so schärfer – unter dem vollen Einsatz aller Waffen. Über diese Tatsache kann auch die allseits proklamierte Frauensolidarität und die von den Feministinnen geforderte weibliche „Nächstenliebe" nicht hinwegtäuschen.

Trau keiner deiner Geschlechtsgenossinnen. Jede Frau ist eine potentielle Rivalin, und deine beste Freundin heute kann morgen die gefährlichste Rivalin sein. Das ist die bitterste Lektion, die jede Frau zu lernen hat. „Kein Weib war je der anderen Freund", formulierte Friedrich Nietzsche, und die Geschichte scheint ihm recht zu geben. Frauen rivalisierten zu allen Zeiten und in jeder Form. Elisabeth I. sorgte für die Enthauptung Maria Stuarts. Kleopatra schaffte sich Agrippina vom Halse, weil sie deren Mann für sich allein wollte. Napoleon führte einige seiner Feldzüge auf besonderen Wunsch seiner Gattin Eugenie, der da und dort eine Königin zu schön und damit gefährlich erschien. Und gegen Ende des Mittelalters entledigten sich clevere Damen unliebsamer Konkurrenz, indem sie allzu schöne und talentierte Geschlechtsgenossinnen der Hexerei bezichtigten – mit meist tödlichen Folgen.

Heute sind die Mittel weniger blutig. Sie haben sich verfeinert, doch in der Sache selbst wird erbittert miteinander gefochten. Rivalität und Konkurrenzkampf zwischen Frauen gibt es heute wie vor zweitausend Jahren. Mehr noch – die Rivalität ist allgegenwärtig. Sie bestimmt unser Frauenleben: Wer ist die Schönere, Schlankere, Erfolgreichere? Wer hat die begabteren Kinder, den erfolgreicheren, liebevolleren Mann, das größere Haus; wer macht am längsten Ferien auf Barbados?

Dabei dürften Frauen – so wollen es jedenfalls das Tabu und die Moralvorstellungen der Gesellschaft – ja eigentlich gar nicht rivalisieren und schon gar nicht kämpfen. Was den Männern schon immer vergönnt, ja beinahe aufgezwungen war, wurde dem weiblichen Geschlecht bislang verwehrt: ein offener Wettkampf, unverhülltes Streben nach mehr Erfolg, Macht, Geld, Schönheit...

Gekämpft wird trotzdem. Tag für Tag. Mit versteckten Waffen.

Da kämpfen: Mütter gegen Mütter, Karrierefrauen gegen Karrierefrauen, Mütter gegen Karrierefrauen, Emanzen gegen Emanzen, Mütter gegen Töchter, Töchter gegen Mütter und Schwestern gegen Schwestern.

2. Kapitel

Mutter – die erste und ewige Rivalin

Für jede Frau ist sie die erste Frau im Leben und immer auch eine Rivalin: die Mutter.
Alle späteren Beziehungen werden von dieser ersten Beziehung geprägt. Sie hat einen grundlegenden Einfluß auf die Entwicklung der weiblichen Persönlichkeit und somit auch auf das Verhältnis zu allen anderen Frauen.

Mehr noch: Die Mutter-Tochter-Beziehung als Grundlage der Persönlichkeitsentwicklung bestimmt fundamental das gesamte Verhalten der Tochter, bestimmt alle Bedürfnisse, Erwartungen und Fähigkeiten.

Schon diese erste Beziehung zu einer anderen Frau ist von der Tendenz zur Rigorosität gekennzeichnet, die auch in allen späteren Frau/Frau-Beziehungen immer wieder zutage tritt: Es gibt nur schwarz oder weiß, alles oder nichts, Verschmelzung oder Abgrenzung.

Eine Tochter erlebt – wie auch ihre Mutter – in dieser Beziehung den Wunsch nach absoluter und totaler Identifikation, den Wunsch nach vollkommener Ver-

schmelzung. Doch sie durchlebt auch die schmerzliche Enttäuschung, die Erfahrung, sich loslösen zu müssen um der eigenen Persönlichkeitsbildung willen.
Die Mutter-Tochter-Beziehung ist eine Verbindung, der einerseits das Prinzip größtmöglicher Nähe inhärent ist und die andererseits weitestgehende Distanzierung verlangt. Eine Verbindung, die beide als Berg-und-Tal-Fahrt, als ein Wechselbad von Glück und Geborgenheit, Wut und Entfremdung erleben müssen.

Für das weitere Leben lernt ein Mädchen in dieser ersten Beziehung zu einer anderen Frau: Verschmelzung bedeutet größte Geborgenheit und Glück – aber zum Preis der Selbstverleugnung. Sich vorbehaltlos einzulassen auf die mütterliche Geborgenheit bedeutet, sich der Möglichkeit zu begeben, sich von der Mutter zu befreien, eine eigene Individualität zu entwickeln.
Individualisierung hingegen beinhaltet den Verlust der totalen Geborgenheit und Nähe, bedeutet Distanzierung und Rivalität. Eine Mutter, zu der keine symbiotische Beziehung besteht, wird als *Frau* erkannt und kann zur *Freundin* werden. Zu einer Freundin, die der Tochter Erfahrung und Wissen voraus hat – und den (meist geliebten und begehrten) Vater zum Mann.
Ebenso erfährt die Mutter die sich von ihr befreiende, distanzierende Tochter als junge Konkurrentin.

Diese – notwendigen – Erfahrungen prägen alle weiteren Beziehungen zu anderen Frauen. Immer wieder wird eine Kette zwiespältiger Wünsche und Gefühle solche Beziehungen kennzeichnen.
Freundschaften unter Frauen sind schwierige und anfäl-

lige Verbindungen, durchzogen von Widersprüchlichkeit, weil immer gleichzeitig der Wunsch nach der totalen Verschmelzung einerseits und der weitestmöglichen Abgrenzung andererseits besteht.

Mütter und Töchter

Mit drei hat sie sie vergöttert.
Mit elf wollte sie sie töten.
Mit vierzehn war sie eine unglückliche Kopie von ihr.
Heute, mit 28, bezeichnet sie sie als ihre beste Freundin.

„In jedem Fall", erklärt Susanne, Sozialarbeiterin aus Freiburg, „hat sie immer die Hauptrolle in meinem Leben gespielt – sie, meine Mutter."

Ihre ambivalenten Empfindungen mögen außergewöhnlich, übertrieben oder sogar extrem erscheinen. Doch sie sind es nicht. Namhafte Psychoanalytiker sind sich darin einig, daß eine Entwicklung, wie Susanne sie durchgemacht hat, typisch ist für das Verhältnis zwischen Tochter und Mutter.

„Die Beziehung zur Mutter ist die wichtigste Beziehung im Leben eines Menschen, sein emotionales Vermächtnis. Aber entgegen dem Klischee der glorifizierten, bedingungslosen und allgegenwärtigen Liebe ist diese Beziehung wie alle anderen von Hoffnungen und Enttäuschungen, Hingabe und Rivalität beherrscht.

Und zwar wechselseitig", erläutern die Psychoanalytikerinnen Luise Eichenbach und Susie Orbach.
„Die größte Liebe und härteste Rivalin im Leben einer Frau", so Janice R. Raymond, Professorin für Frauenstudien, „ist ohne Zweifel ihre Mutter, und diese Tatsache birgt ein großes Konfliktpotential."
Die Psychologin Dorothea Dinnerstein formuliert: „Wenn einer Frau klar wird, daß sie eine Frau ist und damit dazu bestimmt, mit anderen Frauen um die Gunst des Mannes zu konkurrieren, so bedeutet das: Wir sind dazu verdammt, unsere erste Liebe, unsere Mutter, zu verraten."

Von der Theorie zurück zur Praxis, zu Susanne. Sie hat folgende Erinnerung an die ersten Jahre ihrer Kindheit: „Ich weiß, daß ich meine Mutter sehr bewundert habe. Ich fand sie unglaublich schön und klug, und bis zu meinem achten Lebensjahr wollte ich nur eines: genauso werden wie sie."
Ungetrübte Kinderjahre. Susanne fühlt sich geliebt von der Person, die sie am meisten bewundert. Eine Liebe, die sie nicht zu teilen braucht, denn Susannes Mutter ist Alleinerziehende.
Dann, mit acht Jahren, stürzt das emotionale Fundament ihrer ersten Liebe ein. Ein Mann tritt in das bisher so harmonische Leben zu zweit, wird zum „Vater" erklärt. Der Stiefvater will Liebe von der Mutter, die doch Susanne allein gehört. Er will Liebe geben, auch ihr, der bis dahin Vaterlosen. Aber Susanne weicht aus: „Für mich war er ein Eindringling, ein Dieb. Aber das war nicht das Schlimmste. Wirklich getroffen hat mich der Verrat meiner Mutter. Ich war ihr nicht genug,

meine Liebe für sie nicht ausreichend. Anders konnte ich ihr Verhalten damals nicht deuten."

Susanne distanziert sich. Sie rebelliert gegen die Mutter, lehnt sich auf und jede Gemeinsamkeit mit der einst so geliebten Frau rigoros ab: „Ich wollte schon rein äußerlich das Gegenteil von ihr sein."

Höhepunkt des Mutter-Tochter-Konflikts: Susanne wird mit zehn Jahren zur Rivalin ihrer Mutter. Sie buhlt um die Gunst des Mannes, der ihr vorgezogen wurde. Sie kämpft den aussichtslosen Kampf eines verunsicherten Kindes.

Die Enttäuschung ist vorprogrammiert und trifft trotzdem hart: Ihre Liebesbezeigungen werden dankbar als versöhnliche Geste angenommen, vom Stiefvater – und der Rivalin, der Mutter.

„Ich fühlte mich in dieser Zeit entsetzlich hilflos und unterlegen. Ich konnte an sie nicht herankommen und fühlte mich irgendwie benutzt: Erst hatte sie sich jahrelang auf mich konzentriert und meine ungeteilte Aufmerksamkeit gefordert, dann sollte ich plötzlich teilen, mich distanzieren. Und dazu die Schmach, daß ich ihr nicht einmal als Konkurrentin gefährlich werden konnte. Sie war die Königin, unerreichbar, und ich ein lächerliches Spielzeug ihrer Launen. So fühlte ich mich jedenfalls."

Die Pubertätsjahre verbringt Susanne im rasanten Wechsel zwischen auffälliger – auch äußerlicher – Anpassung an die Mutter und vehementer Ablehnung. „Ich suchte ziemlich hilflos meinen eigenen Weg und meine eigene Persönlichkeit. Meine Mutter hatte in dieser Zeit keinen Zugang zu mir. Und wehe dem Verehrer, der irgend etwas Anerkennendes über das

Aussehen meiner Mutter sagte! Ich suchte ununterbrochen die Bestätigung, daß *ich* geliebt wurde. Von wem, war fast schon egal."

Mit zwanzig Jahren heiratet Susanne einen dreißig Jahre älteren Mann. „Nicht, wie viele glaubten, als Vaterersatz, sondern mehr aus dem Begehren heraus, einen potentiellen Liebhaber meiner Mutter an mich zu binden. Mein so viel älterer Mann war mit ihrem Mann konkurrenzfähig. Er verfügte über die gleiche Erfahrung, soziale Anerkennung und einen vergleichbaren finanziellen Status. Durch die Heirat wurde ich zu ihresgleichen, endlich ebenbürtig – aber leider nicht glücklich."

Nach zwei Jahren Ehe folgt die Scheidung. Zugleich vollzog Susanne den so lange hinausgezögerten endgültigen Bruch mit der Mutter.

„Ich mußte mich frei machen von ihr. Ich zog in eine andere Stadt, baute Schritt für Schritt mein eigenes Leben auf, erkundete endlich meine Vorlieben und Interessen – ohne ihr Vorbild und ihren Einfluß. Ich habe sie nicht vermißt."

Nach vier Jahren erfährt Susanne durch eine Bekannte von der Scheidung ihrer Mutter und auch, daß es ihr schlechtginge deshalb.

„In diesem Moment brach etwas auf in mir. Ich konnte sie plötzlich als Menschen sehen, verletzlich, verwundet. Ich wollte sofort zu ihr, sie beschützen, trösten. Ich hatte Sehnsucht nach ihr."

Das war vor zwei Jahren. Susanne und ihre Mutter haben sich wiedergefunden, besser: neu gefunden.

„Erst die lange Trennung, meine persönliche Entwicklung und – zugegeben – auch die Enttäuschung, die

meine Mutter erfuhr, ermöglichten es uns, eine Ebene zu finden, auf der wir langsam eine Freundschaft aufbauen konnten. Wir brauchten uns. Gegenseitig. Ich bewundere sie heute in vielerlei Hinsicht, ohne jedoch den Wunsch zu haben, so zu sein wie sie. Und ich glaube, auch sie sieht mich jetzt als Vertraute, als verständnisvolle Zuhörerin, kurz: als Freundin."
Daran ändert auch die Tatsache nichts, daß beide Frauen inzwischen wieder fest liiert sind. Susanne: „Ich bin erst durch die Versöhnung mit meiner Mutter, mit meiner Kindheit und mit mir selbst fähig geworden, eine wirkliche Partnerschaft, ja ein glückliches Leben zu führen."

Die Aussöhnung mit ihrer Mutter ist Renate, 37, Verlagsvolontärin in Hannover, bis heute noch nicht gelungen. Viel zu spät, vor einem Jahr erst, wurde ihr überhaupt klar, daß ihr Verhältnis zur zwanzig Jahre älteren Mutter nicht so ungetrübt und herrlich war, wie sie jahrzehntelang angenommen hatte.
„Bis vor einem Jahr bestätigte ich jedem, der es hören wollte: Meine Mutter und ich – wir haben das beste Verhältnis!"

Als jüngstes von drei Kindern wächst Renate in der Geborgenheit des Nachzüglers auf. „Meine Eltern nahmen sich viel Zeit für mich, und meine Mutter war stolz auf mich, das sagte mir jeder. Ich war hübsch und talentiert und wurde viel gelobt."
Renate empfindet ihre Kindheit als angenehm, das familiäre Umfeld als rundum freundlich. Sie hat es nicht eilig, ihr Elternhaus zu verlassen, sieht auch als Heran-

wachsende keinen Grund zur Rebellion oder auch nur zur Distanzierung.
„Ich liebte meine Mutter. Jedenfalls dachte ich das. Ich sah sie eigentlich nie als Frau, empfand sie nie als Rivalin. Sie war einfach meine Mutter und immer für mich da. Das war's."
Vielleicht weil ihr das Leben zu Hause so angenehm erscheint, ihr jegliche Rivalität und Enttäuschung bis dahin erspart geblieben ist, entscheidet sich Renate im Alter von neunundzwanzig Jahren zur Freude ihrer Mutter für die Ehe mit einem Nachbarssohn.
„Irgendwie führte ich in meiner Ehe einfach meine Kindheit weiter. Ich lebte in derselben Umgebung – nur ein Haus weiter. Ich bekam schon bald das erste Kind, dann kurz darauf noch eins, versorgte den Haushalt, besuchte Verwandte. Meine Eltern sah ich täglich, weil wir ja Nachbarn waren."
Der Preis für diese äußere Harmonie ist allerdings hoch: „Ich war die leibhaftige Fortsetzung meiner Mutter. Aber das habe ich die ganze Zeit über nicht gemerkt. Ich lebte wie sie, sah aus wie sie, hatte die gleichen Ansichten wie sie, erzog meine beiden Kinder nach ihren Prinzipien. Und sogar mein Mann sah ihrem ähnlich."
Daß sie ihre eigene Individualität der Harmonie geopfert hat, wird ihr erst klar, als sie im März vergangenen Jahres bei einem Einkaufsbummel mit ihrer Mutter ein sehr erhellendes Erlebnis hat: „Der Verkäufer eines Fotogeschäftes hielt uns für Zwillinge. Wir scherzten darüber, und meine Mutter wirkte danach äußerst zufrieden und selbstsicher. Erst als ich wieder allein zu Hause war, wurde mir die Bedeutung dieses Vorfalls so rich-

tig bewußt: Man hielt mich für zwanzig Jahre älter! Man hielt mich für meine Mutter, so wenig eigene Persönlichkeit hatte ich, so deckungsgleich war ich ihr geworden! Ich war erschüttert. Und dann vergegenwärtigte ich mir noch einmal den Blick meiner Mutter nach diesem Vorfall. Ihre Zufriedenheit darüber. Hätte sie als liebende Mutter nicht erschrocken sein sollen, daß man mich für so viel älter hielt? Ich war verunsichert."

Zum ersten Mal betrachtet Renate ihre Kindheit, die Beziehung zur Mutter, die Person ihrer Mutter aus der Distanz. Diese immerwährende Geborgenheit, die ihre Mutter ihr gegeben hat – steckte dahinter nicht vielleicht der egozentrische Wunsch einer älter werdenden Frau, das jüngste Kind an sich zu ketten; denn eine Frau mit einem Kind zu Hause wirkt um vieles jünger als eine, deren drei Kinder allesamt aus dem Hause sind. Plötzlich wird Renate auch klar, daß ihre Ehe mit dem Nachbarssohn nicht nur mit dem Wohlwollen ihrer Mutter, sondern geradezu auf deren *Wunsch* hin geschlossen worden ist. Stand dahinter nicht das Ziel, das Leben der Tochter zu kontrollieren, der verzweifelte Wunsch der Älteren: Sei mir gleich, dann bin ich in meiner Rolle bestätigt!?

„Ich begann meine Mutter mit kritischen Augen zu betrachten und bemerkte schnell: Sie war niemals eine Persönlichkeit gewesen, immer nur Mutter und Ehefrau. Sie hatte nie versucht, ihren Horizont zu erweitern. Im Gegenteil, sie war noch bemüht gewesen, ihn durch meine Nachfolge endgültig zu sichern. Und ich? Ich erinnerte mich an meine vielgepriesene Schönheit als junges Mädchen, an meine hochgelobten Talente.

Und was hatte ich daraus gemacht? Nichts! Ich war meine Mutter. Deckungsgleich mit ihr. Ich hatte sie niemals als Rivalin empfunden, dazu hatte sie zuwenig Persönlichkeit besessen, war zuwenig Frau gewesen und außerdem nicht hübsch genug. Aber *sie* hatte mich sehr wohl als Konkurrentin empfunden. Nachdem mir das alles klargeworden war, brach eine Welt in mir zusammen. Mein ganzes Leben erschien mir fremd und vergeudet. Ich spürte, daß ich weg mußte, daß ich keine Minute so weiterleben wollte. Ich mußte aus dem Schatten meiner Mutter heraustreten ..."

Renate lebt heute mit ihren beiden Kindern zweihundert Kilometer entfernt von ihrem Heimatort, absolviert ein Volontariat zur Lektorin, fühlt sich „endlich wie 37, aber lange noch nicht als Persönlichkeit", ihre Ehe steht kurz vor der Scheidung. Ihre Mutter will sie zur Zeit noch nicht wiedersehen ...

In „Das Drama eines begabten Kindes", ihrer Studie über die Abhängigkeiten und Verstrickungen eines Kindes in der Beziehung zur Mutter, schreibt Alice Miller: „Ein Kind wird alle an es gestellten Ansprüche, vor allen Dingen die unbewußten, seiner Mutter bedingungslos erfüllen, weil es auf deren Liebe unbedingt angewiesen ist. Eine Mutter-Kind-Beziehung kann daher niemals eine partnerschaftliche Beziehung werden, weil einer davon der Ausgelieferte und Abhängige ist, ohne wirkliche Möglichkeit zur Gegenwehr, Auflehnung und Rivalität ..."

Mit zwölf hat Carola, heute 25, Referendarin aus München, das Ödipus-Drama von Sophokles verschlungen. Mit Elektra, der griechischen Sagengestalt, die aus lauter Liebe zum Vater den Tod der Mutter wünscht, hat sie sich zwar nicht bewußt identifiziert. Dennoch waren ihre Kindheit und Jugend bestimmt durch die Vergötterung des Vaters.
Ein Vater, allgegenwärtig in der Abwesenheit, der in den wenigen Stunden des Beisammenseins für Carola zum Leitbild des anderen Geschlechts wird, zum Idol, unerreichbar, weil eben nur Vater und niemals Mann.
Der Mythos des unerreichbaren Geliebten erweist sich für sie stärker als der der immerwährenden Mutterliebe: Carola empfindet die Mutter, Sieglinde, inzwischen 46, immer nur als Rivalin.
„Wenn ich sah, wie mein Vater nach Hause kam und sie in die Arme nahm, hätte ich sie am liebsten von ihm weggerissen. *Mich* sollte er in die Arme schließen! Am schlimmsten aber wurde es abends, wenn ich ins Bett mußte und wußte: Sie ist noch bei ihm, den ganzen Abend, die ganze Nacht..."
Während der beruflich bedingten langen Phasen der Abwesenheit des Vaters leben Carola und ihre Mutter in fadenscheiniger Eintracht und – was Carolas Gefühle betrifft – in falscher Verbundenheit im Warten auf den geliebten Mann. „Von außen betrachtet, hatten wir ein sehr liebevolles Verhältnis. Meine Mutter saß abends an meinem Bett und erzählte mir von meinem Vater. Ich lauschte gebannt. Irgendwie gab es nur dieses eine Thema zwischen uns: meinen Vater."
Die Leidensgemeinschaft zerbricht jedesmal mit dem Erscheinen des Vaters. „Ich habe weiß Gott wie oft

behauptet, krank zu sein, nur damit er sich um mich sorgte, nicht mit ihr ins Kino gehen konnte oder etwas in der Art. Mit elf Jahren begann ich, mich zu schminken und so anzuziehen wie meine Mutter. Ich dachte: Wenn er sie so toll findet, brauche ich nur genauso zu werden wie sie. Dann nimmt er mich eines Tages, denn ich bin schließlich jünger."

Eine kindliche Logik, die nicht aufgehen kann. Carola wird sich dessen schmerzlich bewußt, als ihr der Vater in einer lauschigen Abendstunde erzählt, wie sehr er ihre Mutter liebt und daß er sich einen Mann für sie, seine Tochter, wünscht, der sie ebenso lieben wird.

„Mir war nie zuvor der Gedanke an einen fremden Mann gekommen. Niemals. Und daß mein Vater die Vorstellung ertragen konnte, daß ein anderer ... Ich war sehr verwirrt. Irgendwie war ich davon ausgegangen, daß er mich nur aus Rücksicht gegen meine Mutter nicht so liebte, wie er eigentlich wollte, oder weil es eben nicht erlaubt war. Aber ich war entschlossen gewesen, auf ihn zu warten – und wenn es bis zum Tode meiner Mutter gedauert hätte."

Und nun diese Enttäuschung!

Ihre Pubertät verbringt Carola mit Liebeleien (um ihren Vater zu provozieren), Querelen mit der Mutter (um sich an ihr zu rächen) und beachtlichen Anstrengungen auf dem Gymnasium (um dem Vater zu imponieren). Der Vater, infolge beruflichen Aufstiegs bald noch mehr unterwegs als zuvor, ist so stolz auf seine Tochter, wie es sich für einen guten Vater gehört. Carola bleibt völlig fixiert auf ihn. Ihr Leben besteht nur aus dem Warten auf seine Besuche und die wenigen Briefe, die sie von ihm erhält. Ihre Mutter indes nimmt sie nur als Person wahr, „die zwischen meinem Vater und mir stand".

Carola erzählt über diese Jahre: „Ich muß unausstehlich gewesen sein. Kein Tag, an dem ich sie nicht provozierte und sie meine Abneigung spüren ließ. Kein Tag ohne Tränen und erbitterte Auseinandersetzungen. Und meine Mutter machte das alles mit, muckte niemals auf. Bis zu meinem einundzwanzigsten Geburtstag."

„Liebe Carola", stand da auf der Geburtstagskarte der Mutter, „ich möchte nicht länger mit Dir unter einem Dach leben und denke, Dir liegt ebensowenig daran. Ich bitte Dich, sobald wie möglich auszuziehen." Beigelegt war ein Sparbuch.

Carola arrangierte „in einer Nacht- und Nebel-Aktion" den Umzug in ein Uni-Apartment. Ohne sich von der Mutter zu verabschieden. „Meine Mutter war für mich erledigt, endgültig."

Die neue Freiheit erschien ihr zuerst als große Chance: „Jetzt bin ich frei, dachte ich, und mein Vater kann mich jederzeit besuchen kommen. Unbeaufsichtigt von meiner Mutter."

Aber der Vater kommt nicht. Statt dessen kommt ein Brief von ihm. Er lehnt jeden weiteren Kontakt mit ihr ab, weil er ihr Verhalten der Mutter gegenüber nicht billigen kann. „Du weißt wohl gar nicht", schrieb er, „was für eine tolle Frau Du jahrelang weggestoßen hast."

Für Carola bricht eine Welt zusammen. Sie ist fassungslos, traurig und verstört über den Brief. Ihre große

Liebe zerbricht. Zwei Jahre lang verdrängt sie jeden Gedanken an ihre Eltern, studiert, findet einen Freund. Für ihren Vater empfindet sie mehr und mehr eine tiefe Achtung, gerade auch wegen seiner entschlossenen Haltung hinsichtlich seiner Frau.

„Und dann spukte mir plötzlich immer der Satz von ihm im Kopf herum: Du weißt ja gar nicht, was für eine tolle Frau Du jahrelang ...

Eine tolle Frau? Nein, das war mir wirklich überhaupt nicht bewußt gewesen. Ich hatte meine Mutter überhaupt nie als Frau wahrgenommen, meine Rivalitätsgefühle hatten alles andere überdeckt. Mir fiel ein, daß sie sehr beliebt gewesen war, mit viel Geschick die kleine Galerie eingerichtet und geführt hatte, auch vielen namenlosen Künstlern die Chance zur Ausstellung gegeben hatte, aber vor allen Dingen wurde mir eines klar: Wie liebevoll sie mich all die Jahre trotz meiner Ablehnung behandelt hatte. Meine Mutter – ich bemerkte, daß ich zu diesen zwei Worten eine völlig neue Einstellung fand."

Nach zwei Jahren Funkstille betrat Carola schließlich zögernd und mit klopfendem Herzen die Galerie der Mutter.

„Ich habe sie erst durch die Scheibe beobachtet. Ihre Hände betrachtet, die mich so oft gestreichelt hatten, wenn ich früher traurig gewesen war, ihr Lächeln, das viele Jahre immer wieder mir gegolten hatte und das ich nie erwidern wollte. Ich stürzte in ihre Arme und weinte wie ein kleines Kind. Die verlorene Tochter ..."

Sieglinde, die Mutter: „Carola war ein schwieriges

Kind, gewiß. Aber ich trage ihr nichts nach. Sie ist meine Tochter, und ich liebe sie. Ich verstehe auch die große Liebe zu ihrem Vater. Ich bin wohl auch nicht ganz unschuldig an dieser Glorifizierung gewesen. Er war so oft weg, und ich wollte, daß sie um ihn weiß und ihn lieb behält. Als sie dann als Teenager mich als Mutter immer wieder von sich wies, machte mir das sehr zu schaffen. Ich konnte sie einfach nicht mehr erreichen. Aber ich hatte die Hoffnung nie aufgegeben, daß wir eines Tages zueinander finden würden. Nur deshalb wünschte ich ihren Auszug. Eine Trennung kann vieles ändern. Und das Warten hat sich ja auch gelohnt ..."

„Schuld ist meine Mutter"

Andere Frauen wurden mir immer nur als potentielle Konkurrentinnen dargestellt. Und das seit meiner Geburt.

Die Tochter der Nachbarin hatte die hübscheren Augen und im Alter von einem Jahr die besseren Eßmanieren als ich. Ihr flog die ganze Sympathie der Umgebung zu, nicht zuletzt die meiner eigenen Mutter.
„Ach", seufzte sie dann oft mit einem vielsagenden Seitenblick auf mich, „die Sabine, die wird's später mal leichthaben, mit diesen Augen und diesem Lachen wikkelt sie ja jetzt schon alle um den Finger!"
Ich begriff schnell: Meine Augen waren nicht schön

genug, mein Lächeln nicht strahlend genug, um es im Leben leichtzuhaben, um die Liebe und Aufmerksamkeit meiner Mitmenschen zu erringen.
Also mußte ich es irgendwie anders schaffen. Und mein Erfindungsreichtum war grenzenlos: Ich sprang am weitesten, räumte freiwillig meine Spielsachen auf, war immer artig und überhaupt viel lernwilliger als Sabine. Ich hatte meine Lektion in Weiblichkeit gelernt: Sei hübsch, hübscher, am hübschesten – und wenn dir das schon nicht gelingt, dann beweis dich auf andere Weise. Auf jeden Fall: Kämpfe gegen die anderen!

Zu kämpfen hatte ich schon gegen meine eigene Mutter. Ihr verklärtes Bild wurde mir jede Minute vorgehalten.
„Ein so schönes Kind, damals, als sie so alt war wie du", sinnierte meine Großmutter, ganz ihren Erinnerungen erlegen; und ihr fadenscheiniges Lächeln konnte mich nicht darüber hinwegtäuschen, wie enttäuscht sie mich dabei betrachtete.
Meine Mutter, als Kind in allem noch schneller als ich, noch hilfsbereiter und dann als erwachsene Frau Siegerin in allen Sparten: Es gab keine Konkurrentin, die ihr das Wasser reichen konnte. Schön war sie, selbstbewußt, klug und talentiert. Alle wußten das.
„Ich bin so stolz auf dich, du bist die schönste und beste Frau", sagte mein Vater oft. Und wieder kapierte ich: Für einen Mann muß eine Frau die Schönste und Beste sein. Dann wird sie bewundert und geliebt, dann ist er stolz auf sie.

Ich legte los. In der Schule einsame Klassenbeste. Meine Kinderzeit ansonsten eine Aneinanderreihung verbitterter Bemühungen zu gefallen, zu siegen. Ja, hinter dem wohlerzogenen Lächeln der braven Einserschülerin verbarg sich eine maßlose Verbitterung. Mich interessierte weniger die eigene Leistung als das Punktesammeln im Konkurrenzkampf. Meine Auszeichnung am Ende des Jahres als Klassenbeste interessierte mich eben nur deshalb, weil ich damit Sabine, die ewige Rivalin meiner Kinderzeit und nur mittelmäßige Schülerin, weit übertroffen hatte. Den Beifall nach meinem ersten Klavierschulkonzert genoß ich um so mehr, als ich wußte, daß Annette, die Favoritin der Musiklehrerin, weniger stark beklatscht worden war. Und Peter, den Nachbarsjungen, küßte ich nur deshalb, weil ich wußte, daß Renate ihn gern geküßt hätte – und natürlich sorgte ich dafür, daß sie es auch mitbekam...

Aber Rivalität war nur die eine Seite meiner Beziehung zu anderen Mädchen. Es gab auch eine andere, eine völlig entgegengesetzte Seite. Ich hatte zwei allerbeste Freundinnen. Die eine war ständig in meiner Nähe, die andere wohnte weit weg, in einer anderen Stadt, doch brieflich war sie in jedes meiner ach so großen Geheimnisse genauestens eingeweiht.

Bettina, das Mädchen an meiner Seite, liebte ich. Mehr als eine Freundin. Sie war meine zweite Hälfte, meine Schwester, verschworen auf Leben und Tod. Und ihr ging es mit mir genauso. Wir trugen die gleiche Kleidung, verlangten die gleiche Frisur, haßten die gleichen Mädchen und auch Jungen und rauchten gemeinsam das erste Mal heimlich im Schülerklo. Sogar das Nachsitzen standen wir zusammen – und unter heftigsten Magenschmerzen – durch. Spätestens nach dieser ersten gemeinsam erlittenen Schulstrafe waren wir sicher, daß uns nichts, aber auch gar nichts je würde trennen können.

Natürlich war es drei Jahre später ein Mann, der uns dann doch auseinanderbrachte. Besser gesagt, ein Jüngling, gerade mal so alt wie wir selbst, mit weichem blondem Haar und unzähligen Pickeln im Gesicht. Aber er erinnerte mich an Burt Lancaster als „Roter Korsar“ und Bettina an ihren Lieblingssänger Leif Garrett, und so kannten wir beide kein Halten mehr.
Erbitterte Feindschaft folgte der ehemals ewigen Verschwesterung, und der arme Jüngling sah sich bald hilflos dem eifrigen Rivalitätskampf zweier wildgewordener Furien gegenüber.
Meiner Einladung zu einer Mitternachtsparty konnte er schließlich nicht widerstehen. Gottlob hatte ich moderne Eltern und vor allem eine Mutter, die es einfach „süüüüß“ fand, daß ihre erst vierzehnjährige Tochter zum ersten Mal die Liebe erlebte. Ich konnte mit dieser Liebe nicht allzuviel anfangen – an diesem Abend nicht und auch nicht in der Zeit danach, zumal ich nach näherem Hinsehen feststellen mußte, daß es mit der Ähnlichkeit zu Burt Lancaster eigentlich doch nicht so sehr weit her war.
Dennoch harrte ich ganze drei Monate mit ihm aus. Einzig und allein wegen der Freude am Sieg. Und an der Niederlage von Bettina, meiner einstigen Schwester, an ihrem Aufbegehren gegen mein vermeintliches Glück, an ihren nutzlosen Intrigen.

Sobald ihr Interesse an ihm schwand – mir schwante, sie hatte bemerkt, daß er in Wirklichkeit auch Leif Garrett nicht gerade ähnlich war –, zog ich den Schlußstrich unter meine erste große Liebe.

Auch meine – viel zu frühe – Heirat stand unter dem Stern der weiblichen Rivalität. Geheiratet habe ich eigentlich aus nur einem Grund: Ich wollte siegen. In diesem Fall wollte ich vor allem Heiners Mutter aus dem Feld schlagen. Nein, nicht der übliche Schwiegermutterkomplex! Aber Luise, seine Mutter, wehrte sich tatsächlich vom ersten Augenblick an gegen mich. Ich war ihr wohl zu ähnlich, nur eben jünger und deshalb attraktiver. Das Schlimmste für sie aber war zweifellos: Ihr Sohn begehrte mich maßlos!

Kein Wunder also, daß ich in Luise eine ganz gefährliche Rivalin hatte.

Da gab es die absurdesten Begebenheiten. Bei einem der ersten gemeinsamen Essen – sie saß rechts und ich links von Heiner – lieferten wir uns quasi über seinen Kopf hinweg einen heißen Wettstreit in Sachen Wissen um seine Eßgewohnheiten. Wir schaukelten uns richtig hoch. Ich merkte ihr an, es hätte nicht viel gefehlt, und sie hätte Heiner vor die Wahl gestellt: Diese Person oder ich!

Verliebt wie er war, erzählte er mir haarklein von all ihren Ängsten. Und ich intrigierte munter drauflos. Wo er sich durch seine Mutter eingeengt fühlte, bewies ich Großzügigkeit. Mein Verständnis für seine Eigenheiten und auch Marotten wuchs immer in genau der Richtung, in der er sich über ihr Unverständnis beklagt hatte. Männer sind ja so naiv.

Das alles hätte mich jedoch noch nicht soweit gebracht, ihn um jeden Preis heiraten zu wollen.
Erschwerend kam hinzu, daß er meiner Mutter sehr gut gefiel. Und das zeigte sie ihm auch, wann immer sich die Gelegenheit bot. Sie stürzte sich mit Kartons von alten Fotografien auf den armen Mann und hielt ihm die festgehaltene Schönheit ihrer Jugend stundenlang vor Augen. Natürlich nicht ohne darauf hinzuweisen, daß ich ja leider äußerlich so gar nichts von ihr geerbt hätte. Was sie von ihm wollte, weiß ich nicht so recht. Wahrscheinlich nur Bestätigung. Es ging ihr mit Gewißheit nicht darum, mir weh zu tun, oder gar darum, ihn zu kriegen. Sie konnte es wahrscheinlich nur nicht ertragen, daß er so hingerissen von mir war. Daß ich von ihm so begehrt wurde, wie sie gern von Männern begehrt worden wäre. Siegesgewohnt wie sie war, konnte sie *meinen* Sieg nicht akzeptieren.

Doch bei Heiner siegte ich. Und an meinem Hochzeitstag beherrschte mich viel mehr als tiefe Liebe zu dem Mann, mit dem ich mein weiteres Leben verbringen wollte, das Gefühl: Seht her, ich habe ihn!

Mein Interesse an Heiner stieg in der Folgezeit mit jeder wirklichen oder vermeintlichen Rivalin, die auftauchte. Und es sank, wenn ich mir seiner sicher war. Ein bißchen ist das sicher normal. Aber bei mir nahm es extreme Formen an. Ich habe – unbewußt – sehr darunter gelitten. Da führte ich eine Ehe mit einem Mann, den ich eigentlich gar nicht liebte, der mich nur kampfbereit machte gegen alles Weibliche in unserer Nähe. Meine Ehe und mit ihr mein Leben war leer.

Dann kam meine Tochter zur Welt.
Ich kenne viele Frauen, die ihren Töchtern – unbewußt – eine gewisse Rivalität entgegenbringen. Primär geht's da wohl um die Gunst des Mannes, die nun geteilt werden muß – mit einer anderen Frau, und sei sie noch so klein. Schließlich wächst da die eigene Konkurrenz heran, so empfinden es wohl manche.
Dieses Gefühl hatte ich nie. Vielleicht lag's daran, daß ich Heiner nicht wirklich liebte. Oder daran, daß sich alle wie wild auf Sabrina stürzten. Allen voran meine Mutter, die plötzlich die beste Oma aller Zeiten sein wollte – nur aus Rivalität gegen meine Schwiegermutter, die sich ebenfalls dazu berufen fühlte, die beste Omi zu sein.
Aber ich wollte meine Tochter nur für mich. Ich liebte dieses Kind von der ersten Minute an abgöttisch. Ich wollte es mit niemandem teilen, auch nicht mit Heiner. Wir waren eins – meine Tochter und ich. Und ich war glücklich.
Weil mich mein Mann in diesem Glück nur störte und wir uns wirklich überhaupt nichts mehr zu sagen hatten, zog ich aus, als Sabrina noch nicht einmal ein Jahr alt war. Ich untersagte auch allen Verwandten, meine Tochter zu sehen, weil mich dieses Wetteifern um ein Lächeln oder ein erstes „Oma" von Sabrina ungeheuer störte. Ich wollte es nicht mehr jeden Tag über mich ergehen lassen.

Heute lebe ich nur noch für meine Tochter. Sie ist mein ganzes Glück. Ein Mann hat in unserem Leben keinen Platz. Wir haben ein liebevolles und friedliches, ein schönes Leben miteinander. Ich nähe uns die gleichen

Kleider und frisiere Sabrina wie mich selbst. Die Leute lächeln uns oft an und sagen: „Die Große und ihre Mini-Ausgabe. Wirklich süß."

Ich weiß, daß ich Sabrina bald hergeben muß. Sie kommt nächstes Jahr in die Schule und wird dann zunehmend andere Interessen haben als das Zusammensein mit mir. Davor habe ich schon Angst. Außerdem hat Heiner sich ein Besuchsrecht erstritten, das demnächst in Kraft treten wird. Dann werden er und vor allen Dingen seine Mutter und auch seine neue Freundin wohl nichts unversucht lassen, um mir Sabrina zu entfremden. Ich finde die Gesetze dieses Landes in dieser Hinsicht katastrophal.
Mir wäre es lieb gewesen, unser Leben für immer so weiterzuführen. Ich habe nichts vermißt. Außer vielleicht ein zweites Kind. Aber ich habe keinen Mann. Und ich müßte sicher sein, daß es eine Tochter wird.

Ich glaube, nur mit einer Tochter kann eine Frau eine so enge, wirklich tiefe Verbindung eingehen. Ein Junge ist eben ein anderes Geschlecht. Auch wenn er noch so klein ist. Auf jeden Fall werde ich Sabrina schützen. Vor allen Angriffen dieser Welt – vor allem aber vor denjenigen, die aus den „eigenen Reihen" kommen: vor eifersüchtigen Frauen wie besitzergreifenden Großmüttern.

Schneewittchen und die Bedeutung des Spiegels

Die elementaren Konflikte zwischen älteren und jüngeren Frauen werden im Märchen von „Schneewittchen" thematisiert. Der Spiegel erhält in diesem Märchen eine ganz besondere Bedeutung. Immer wieder befragt die Königin ihr „Spieglein, Spieglein an der Wand ...", ob sie wohl noch die Schönste im Lande ist (man bemerke, *der* Spiegel, die Außenwelt entscheidet!), und solange der Spiegel diese Frage mit „Ja" beantwortet, ist sie glücklich und zufrieden. Aber all ihre Ängste entladen sich in grenzenlosem Haß, als sie schließlich erfahren muß, daß ihre herangewachsene Stieftochter Schneewittchen sie an Schönheit inzwischen übertroffen hat. Sie glaubt, diese Schmach nur durch Schneewittchens Tod überwinden zu können.

Spiegel, Aussehen und Schönheit sind für alle Frauen und deren (Selbst-)Wertgefühl seit jeher von größter Bedeutung. Eine Tatsache, die ihren Ursprung in der typisch weiblichen Erziehung findet: Mädchen müssen lieb und freundlich sein, aber eben vor allen Dingen hübsch. Diesem Dogma unterwerfen sich (fast) alle Frauen, deshalb spielen Mode und Kosmetik die zentrale Rolle in unserer Gesellschaft im Alltag der Frauen. Und doch weist das Märchen von Schneewittchen auf eine ganz besondere Komponente des weiblichen Schönheitsbestrebens hin. Auf einen Punkt nämlich, an dem jede Frau eine emotionale Entscheidung zu treffen hat, die für ihr Leben ebenso bedeutsam ist wie für das Leben einer anderen Frau: des heranwachsenden Mädchens, das sie erziehen soll. Die Mutterliebe ist es, die –

ist sie denn wirklich und verläßlich vorhanden – siegen sollte über die Angst, weniger begehrenswert zu sein als die andere, die jüngere Frau. Eine Angst, die gewiß nicht nur böse Stiefmütter befällt. Deshalb sollte die Mutterliebe es der Älteren ermöglichen, sich vom eigenen Spiegel – und dessen Bild – zu lösen und den Blick auf das der Tochter freizugeben. Das bedeutet: In einer geglückten Mutter-Tochter-Verbindung erfährt die Mutter als die ältere Frau Stolz und Anerkennung durch die Schönheit und Jugend der Tochter. Sie sonnt sich in deren Glanz, statt ihn zu fürchten und zu bekämpfen. Natürlich ist keine Mutter wirklich frei von gewissen Rivalitätsängsten der eigenen Tochter gegenüber. Dazu werden Attraktivität, Jugend und ewiger Schönheit in unserer Gesellschaft eine viel zu hohe Bedeutung beigemessen.
Und jede Frau/Mutter muß sich zwangsläufig mit ihren Ängsten über den Verlust von Jugend und Schönheit auseinandersetzen. Dies um so mehr, wenn aus ihrer Tochter allmählich ein *junges* Spiegelbild und sie somit konkret mit dem Schmerz des Älterwerdens konfrontiert wird.

Es ist der Schmerz über den Verlust von etwas, das man lange Zeit sein eigen nannte und das nun einem anderen Menschen gehört: Jugend, Schönheit, Anerkennung, Aufmerksamkeit. Aber es kann auch der Neid auf Dinge sein, die der Tochter möglich sind, die einem selbst aber nie möglich waren – etwa intellektuelle Fähigkeiten, ein luxuriöses Leben, ein ganz besonderer Partner oder auch bestimmte sexuelle Entfaltungsmöglichkeiten.

Eine liebende Mutter könnte in diesem Abschnitt ihres Lebens in einen Zwiespalt der Gefühle geraten. Da ist einerseits der Stolz auf einen Menschen, für den man nur das Beste will, dem die ganze Fürsorge gilt, und gleichzeitig bedeutet diese Realisierung immer auch eigenen Verlust, Schmerz und das Bewußtsein, daß ein bestimmter Zeitabschnitt nun zu Ende geht.

Aber letztendlich sollte und wird es ihr möglich sein, sich an der Jugend, der verheißungsvollen Zukunft und dem Glück ihrer Tochter zu freuen und deren Erfolge zu teilen.
Ganz anders stellt sich der Konflikt zwischen einer weniger liebenden – das heißt, mit sich und ihrem Leben unzufriedeneren – Mutter und ihrer herangewachsenen Tochter dar.

Eine solche Mutter fühlt sich vermutlich sehr viel stärker und eindeutiger durch die Jugend und Schönheit und den Erfolg der Tochter bedroht. Eine Mutter, die zeitlebens unglücklich war über ihren Hausfrauenstatus und sich zudem wenig von ihrem Partner geliebt fühlt, empfindet den akademischen Erfolg der Tochter möglicherweise leicht als zusätzliche Degradierung, die Schönheit der Tochter und die Aufmerksamkeit, die ihr die Männer entgegenbringen, als weitere Ablehnung der eigenen Person. Manche Mütter lassen es aus diesem Grunde gar nicht zu, daß die Tochter beruflich, sozial und gesellschaftlich eine Stufe erreicht, die es ihr ermöglichen würde, sie, die eigene Mutter, zu überrunden.

Viele erwachsene Töchter klagen, daß sie auf Veranlassung der Mütter – nicht etwa die der Väter – frühzeitig die Schule verlassen und weniger anspruchsvolle Berufe ergreifen mußten, als sie erhofft hatten. Oder sie prangern an, daß die Mutter sie bei der Partnerwahl dahingehend beeinflußte, daß sie einen Mann wählten, der den Vorstellungen der Mutter entsprach, nicht den eigenen.
Erfahrungen, die deutlich machen, wie weit weibliche Rivalität das Leben einer Frau beeinträchtigen kann.

„Ich bin nicht nur Mutter"

Natürlich hat sie Schneewittchen gelesen. Und natürlich hat sie die böse Stiefmutter verurteilt.
Und sie hat sich damit beruhigt, daß solche schrecklich neidischen Gefühle auf die Tochter nur deshalb möglich sein konnten, weil es sich in dem Märchen eben doch nur um eine Stiefmutter handelt. Eine leibliche Mutter jedoch würde niemals – da war sie ganz sicher –, niemals mit der eigenen Tochter in Wettstreit treten. Niemals!
Inzwischen ist ihr Protest leiser geworden. Sybille, 41, Unternehmerin aus Berlin, gesteht nach zwei nervösen Zügen an ihrer Zigarette ein: „Ich empfinde meine zwanzigjährige Tochter heute als Rivalin."
Natürlich hat sie sich diese Gefühle verboten. Sie hat sich auf das Kind gefreut, damals, als sie gerade so alt war wie ihre Tochter heute. Sie war verliebt gewesen

wie nie zuvor in ihrem Leben, und sie hatte das gemeinsame Kind als eine Art Krönung ihrer großen Liebe zu ihrem Mann Holger empfunden. „Er freute sich auch gleich", erzählt sie.
Sie würden es schon schaffen, sagten sie sich – das Leben mit einem Kind, würden die Belastung ertragen, die keine werden würde. Sie würden es schaffen, weil sie sich liebten „bis zum Wahnsinnigwerden". Das glaubten sie beide, obwohl sie sich erst ein knappes Vierteljahr kannten.

Die Hochzeit war ein „einziger Traum", obwohl die Ehe eher der Eltern und der Moral zuliebe geschlossen wurde. „Unser wahres Liebesversprechen ging viel, viel tiefer."
Die Schwangerschaft erlebt Sybille als eine „Art Glücksrausch". Liebevoll wird das Kinderzimmer hergerichtet, die Wiege wird selbstgeschreinert, die Vorhänge werden genäht. Abends liegen sie oft stundenlang da, hören romantische Musik und warten auf die ersten Bewegungen ihres Kindes, ineinander versunken, wortlos, sind sich unbeschreiblich nah.

Mit der Geburt des Kindes ändert sich alles.
Keine ruhigen Abende zu zweit mehr, statt dessen Babygeschrei, Windeln, Windeln und nochmals Windeln. Das Stillen, das zur Schmerzprozedur wird, und mittendrin das personifizierte Glück, das Sybille in diesem ewig schreienden, rotköpfigen Menschenkind eigentlich nicht so recht erkennen kann. Aber das alles, so sagt sie sich, gehört wohl zum Jungmütter-Alltag, zur Bewußtwerdung der Realität.

Und damit allein hatte Sybille nicht mehr Schwierigkeiten als Millionen Mütter vor ihr.
„Was mir wirklich zusetzte, war die Entfremdung zwischen Holger und mir, die mit der Geburt von Andrea unweigerlich eingesetzt hatte." Dreisamkeit auf Gedeih und Verderb hieß es nun, wo vorher selbstgewählte und von beiden Seiten gewünschte Zweisamkeit gewesen war. Sybille fällt die Umstellung schwerer, als sie gedacht hatte.
„In dunklen Stunden empfand ich meine Tochter ganz eindeutig als jemanden, der sich zwischen mich und Holger gedrängt hatte."
Der erste Kuß beim Nachhausekommen gilt fortan der Tochter. Erst dann wird sie geküßt, die Frau, seine große Liebe. Sybille fühlt sich hin und her gerissen zwischen ihrer Eifersucht, nun als Frau die zweite Geige zu spielen, und dem Glück als Mutter, einen so zärtlichen Vater für ihre Tochter zu haben. „Tatsache aber war und blieb: Ich mußte zurückstehen."

Auch mit dem veränderten Verhalten ihres sonstigen Umfeldes kommt Sybille nur sehr schwer zurecht: „Ich war von heute auf morgen nur noch eine Art Gouvernante oder Pressesprecherin für meine Tochter. Schläft sie schon durch? Ist sie schon wach? Wie hübsch, wie reizend, haben Sie ein Glück! Ich selbst als Einzelperson blieb völlig unbeachtet. Man ging allerseits davon aus, ein hübsches, gut entwickeltes Kind müsse mein ganzes Lebensziel und Lebensglück bedeuten. Ich muß zugeben, daß ich schon damals sehr oft das Bedürfnis hatte zu sagen: ‚Ach übrigens, mir, Sybille, der Frau, geht's so und so.' Ich habe es nicht getan."

Die Zweisamkeit mit Holger fehlt ihr. Sybille startet einige Versuche, wenigstens einmal ein Wochenende oder einen Kurzurlaub „nur für die Ehe“ zu organisieren. Sie bestellt Babysitter und Hotelzimmer und scheitert an Holger, an ihrem Mann. „So lange ohne unseren Sonnenschein, das halte ich doch gar nicht aus“, erklärt der, ganz – allerdings nur noch – liebevoller Vater.
„Das nahm ich ihm sehr übel. Daß er so gar nicht merkte, daß wir in erster Linie ein Paar waren und auf diesem Fundament eben auch eine Familie. Dieses Fundament aber hätte, so denke ich, dann und wann gestärkt, auf sich selbst zurückgeführt werden müssen. So blieb uns nur der Abend, wenn Andrea gnädig schlief und dann eben auch nur die üblichen hastigen, weil übermüdeten Liebesbezeigungen im Schlafzimmer, bei denen wir immer auf stille Zurückhaltung bedacht sein mußten, damit *sie*, die Hauptperson, nicht erwacht.“
Sybilles Stimme zittert. Ja, sie ist noch heute darüber verbittert, gibt sie zu. Es war nicht das Kind, das sie störte, sondern die Reaktion ihres gesamten Umfeldes, das sich den Pseudo-Ansprüchen der Kleinen so unterwarf. Es hieß nur noch: das Kind, das Kind und noch einmal das Kind. Da könnte es Schaden nehmen, dies könnte es vielleicht noch nicht verstehen, und dort würde man sich eventuell später Vorwürfe machen müssen.
Und wir? Und ich?

Sybille fügt sich schließlich – zumindest nach außen hin – in ihr Mutterschicksal. „Ja, meiner Tochter geht's gut. Sie geht gerne in den Kindergarten. Darf ich Ihnen sonst noch irgendeine Auskunft geben?“

„Ach so, dem Mann? Ja, der ist beruflich auf dem aufsteigenden Ast."
Ein zweites Kind wird nun von allen erwartet, von Holger sogar heiß ersehnt. Doch da immerhin weiß Sybille sich durchzusetzen. Sie weigert sich rundweg.
„Damit keine Mißverständnisse aufkommen", erklärt sie. „Ich habe meine Tochter wirklich liebgehabt, und ich liebe sie auch heute. Ich denke nur, in Sachen Kind und Mutterrolle gibt es in dieser Zeit und in dieser Gesellschaft eine enorm große Lücke zwischen idealisierter Vorstellung und dogmatischer Realität. Mir tut es heute nur leid, daß ich es nicht immer geschafft habe, die Umstände denen anzukreiden, die dafür verantwortlich waren, und nicht meine Tochter dafür verantwortlich zu machen, daß mein eigenes Leben so eingeschränkt wurde, in so engen Bahnen verlief."

Andrea erweist sich als begabtes Kind mit großen schulischen Erfolgen. Der Stolz der Eltern. Oder?
„Auch das – bei aller mütterlichen Freude – zerrte an meinem Selbstbewußtsein. Gut, meine Tochter war eine ausgezeichnete Schülerin. Aber was in aller Welt hatte das denn mit mir zu tun? Es wäre ja auch nicht einzusehen, wenn ich – wäre sie eine extrem schlechte Schülerin gewesen – deshalb in tiefste Depressionen verfallen wäre. Ich bin doch nicht sie. Aber das schien außer mir niemand so zu sehen. Und die meisten Mütter betreiben da eine enorme Verdrängung und unterwerfen sich riesigen Kraftanstrengungen, um immer wieder unter Beweis zu stellen: Was bin ich glücklich, weil mein Kind so gut ist."
Neid?

Sybille wird kurze Zeit nachdenklich: „Ja“, gibt sie dann zu, „neidisch war ich wohl auch ein bißchen: meine Tochter, der Star. Nicht nur hübsch, nicht nur begabt, sondern auch noch hochintelligent. Die ganze Welt lag ihr zu Füßen, das ganze Leben erst vor ihr. Und ich war Anfang Dreißig, ewig die blasse Frau im Hintergrund, nur Mutter und Hausfrau, aber welche Auszeichnung – immerhin die Mutter eines Wunderkindes. Natürlich kamen mir auch Gedanken wie: Ihretwegen habe ich mein Studium aufgegeben, meine Ansprüche als Frau ganz hintangestellt. Alles Blödsinn – oder zumindest an die falsche Adresse gerichtet.“

Die den Frauen von der Gesellschaft aufgezwungene Identifikation mit dem eigenen Kind hält Sybille für sehr gefährlich: „Dadurch entsteht doch erst der enorme Druck, den Mütter an ihre Kinder weitergeben: Sei bloß klug, hübsch und schlau, denn du bist alles, was ich habe und bin, also mußt *du* gut sein. Bist du es nicht, bin ich selbst auch nichts. Kein Wunder, daß so viele Kinder unter dieser Beweispflicht zusammenbrechen!“

Das Gefühl, immer nur die zweite Geige zu spielen, immer hintanzustehen, erreicht ihren Höhepunkt für Sybille, als Andrea in die Pubertät kommt und zum bildhübschen, heißumschwärmten Teenager wird. „Ich mußte mich schon sehr anstrengen, um mütterlichen Stolz in mir zu entdecken.“ Das Telefon klingelte nur noch für Andrea, Blumenboten brachten Rosensträuße, schnittige Sportwagen oder Motorräder hielten vor dem Einfamilienhaus. Andrea, Andrea. Und dann war da auch noch Holger.

„Ja, mein eigener Ehemann glühte förmlich vor Stolz, wenn er unsere Tochter dann und wann ausführte oder von einer Veranstaltung abholte. ‚Man hielt mich für ihren Freund', erzählte er manchmal und sah so einfältig stolz aus, daß ich am liebsten davongelaufen wäre. Merkt denn keiner, wie kränkend solche Bemerkungen für eine Mutter sein können?"

Eine Mutter, so sieht es Sybille, ist nicht nur Mutter – sie ist und bleibt immer und in erster Linie Frau.
„Und natürlich ist eine siebzehnjährige Tochter für sie eine rivalisierende Frau. Für *jede* Mutter, es sei denn, sie hat schon eine derartige Demutshaltung angenommen, daß sie ihren ganzen persönlichen Stolz daraus beziehen kann, sekundär am Erfolg ihrer Tochter teilnehmen zu dürfen, selbst wenn es der beim eigenen Ehemann ist. Aber so war ich nie, und so werde ich nie sein können. Und ganz ehrlich: So ein junges Mädchen spielt ihren Vorteil doch gekonnt aus – gerade gegen die eigene Mutter: ‚Noch kannst du mir einiges verbieten', sagt sie sich vielleicht, ‚aber als Frau hast du ausgedient.'"

Dieses Negativbild – es fällt Sybille erst gegen Ende des Gespräches auf – will sie so dann doch nicht stehen lassen. „Sie bedeutet mir unheimlich viel, und ich bin stolz auf Andrea, ehrlich. Aber ich wäre es wohl noch sehr viel mehr und würde mich freier fühlen, wenn mich die Gesellschaft nicht geradezu zu dieser Haltung verdonnern würde. Eine Frau ist doch nicht nur Mutter, auch wenn sie eine ist. Sie ist es genausowenig, wie sie nur Karrierefrau ist. Es käme wohl auch niemand auf die Idee, von einem Mann zu verlangen, nur Vater zu sein und seinen ganzen Stolz in dieser Rolle zu sehen. Im Gegenteil: Wenn man von solchen Vätern hört, die beispielsweise all ihren Ehrgeiz und alle ihre Lebensträume auf ihre Söhne übertragen, sind sofort ganze Horden von Psychiatern zur Stelle, die erklären, wie gefährlich das für ein Kind ist. Die Mütter allerdings werden geradezu dahin gezwungen."

Andrea ist vor einem Jahr ausgezogen und wohnt in einer Wohngemeinschaft. Sie sieht ihre Mutter alle vierzehn Tage.

„So langsam wird unser Umgang miteinander unverkrampfter und ehrlicher. Ich sehe meine Tochter nun als eine junge Frau, die mir nahesteht, die aber nicht mehr mein Leben ausmacht. Und das hat zwei Seiten: Einmal entdecke ich jetzt viele Dinge an ihr, die mich begeistern, weil ich nun eben die Freiheit habe, sie entdecken zu *können* und nicht zu *müssen*. Andererseits ist mein Leben jedoch nicht gerade leichter geworden. Wieder sehe ich mich gesellschaftlichen Zwängen gegenüber, die mich belasten. Seit dem Auszug meiner Tochter bin ich plötzlich wieder Frau. Hurra! Nein, denn jetzt bin ich eine ältere Frau. Eine Frau ohne einen Beruf. Eine, die sich lächerlich macht, wenn sie ihre erwachsene Tochter als Lebensinhalt benennt. Plötzlich will niemand mehr wahrhaben, daß ich jahrelang in die Rolle der Glucke gedrängt wurde, man mir keinen Raum für eine eigene Persönlichkeitsentwicklung ließ. Nun sehe ich mich überall mit der Frage konfrontiert, wer oder was ich denn sonst bin. Stumm und anklagend sehe ich sie in allen Gesichtern geschrieben. Aber wehe mir, hätte ich diese Frage gestellt.

De facto ist meine Tochter für mich heute eine junge Frau, die mir nahesteht und für die ich mir alles Glück der Welt wünsche. Und ich selbst bin eine ältere Frau, die dort anfangen muß, wo sie vor gut zwanzig Jahren aufgehört hat: Frau sein, Ansprüche haben, das Leben gestalten. Und auch sehen, was von meiner Ehe geblieben ist, von dieser großen Liebe, dieser Zweisamkeit, die eigentlich ein Fundament hätte sein sollen für alles Weitere und die sich bestenfalls als ein recht haltbares Sieb erwiesen hat. Nun, wir werden sehen ...“

3. Kapitel

Weibliche Rivalität und die Schuld der Männer

Frauen betrachten andere Frauen als Rivalinnen. Der weibliche Konkurrenzkampf – er findet statt. Ganz real, Tag für Tag, auf allen Ebenen – ein zwangsläufiges Phänomen. Über die Motive und Hintergründe dieses Phänomens gibt es viele Thesen. Eine Überzeugung jedoch teilen namhafte Psychoanalytiker(innen) wie Melanie Klein, D. W. Winnicot und Alice Miller und viele andere ihrer Kollegen und Kolleginnen: Die weibliche Rivalität betrifft jede Frau – und zwar vom Tag ihrer Geburt an. Die Rivalität zum eigenen Geschlecht wird ihnen also gewissermaßen in die Wiege gelegt.

Die typisch weibliche Erziehung und die Attribute des Frau-Seins machen sich schon früh bemerkbar und fordern ihren Tribut. Ein Mädchen soll sensibel sein, freundlich und rücksichtsvoll, aber vor allen Dingen eines: hübsch.

Die Botschaft ist eindeutig und bleibt auch der Kleinsten nicht verborgen: Sei hübsch, hübscher, am hübschesten! Denn die Schönste erfährt die größte Auf-

merksamkeit, wickelt den strengsten Vater mühelos um den Finger, bekommt selbst vom wildesten Jungen die begehrte Schleuder und von allen Seiten die meiste Zuwendung.
Das Interesse der Industrie am weiblichen Konkurrenzkampf, am Wettstreit, die Attraktivste und Makelloseste zu sein, ist unbestritten, und die allgegenwärtige Werbung sorgt dafür, daß keine vergißt, worin der Sinn des Frauenlebens (nach Meinung der Marktstrategen) liegt: im Spieglein, Spieglein an der Wand...

Wenn Frauen rivalisieren, dreht es sich indes längst nicht nur um Jugend und Schönheit. Bei diesem Wettbewerb geht es um alles – und um nichts.

Genau darin unterscheidet sich die weibliche auch von der männlichen Rivalität. Der Machtkampf unter Männern ist nämlich zielgerichtet und meist zweckorientiert. Männer rivalisieren um konkrete Dinge: eine schöne Frau, eine Beförderung oder um den ersten Platz bei sportlichen Wettkämpfen. Und das gilt als legitim, wird geradezu von ihnen erwartet, weshalb sie ihre Rivalitäten auch offen austragen, den jeweiligen „Gegner" direkt angreifen können.

Rivalität unter Frauen dagegen äußert sich versteckter, wird bemäntelt, selbst wenn sie ein konkretes Ziel verfolgt. Und doch findet sie immer und überall statt. Bettsy Cohen bestätigt aus langjähriger psychologischer Praxis: „Eine andere Frau ist (für eine Frau) auf jeden Fall eine Rivalin."

Obwohl noch gesellschaftlich tabuisiert, ist die weibliche Rivalität in den psychologischen Praxen, entsprechenden Beratungszentren und vor allen Dingen in der sozialwissenschaftlichen Diskussion längst zum Thema geworden. Und tatsächlich finden sich in den letzten Jahren immer neue Erkenntnisse und Theorien zur weiblichen Rivalität.

Psychologinnen aus dem feministischen Lager haben die Mütter längst freigesprochen. Schuld sind nach Meinung der Frauenbewegung – wie sollte es auch anders sein? – in Wahrheit die Männer.
In diesem Punkt sind sich Janice Raymond, Professorin für Frauenstudien in den USA, und Jeanette Becker, eine Psychologin aus England, einig. Hier allerdings endet ihre Übereinstimmung auch schon. Janice Raymond sieht in der Rivalität der Frauen eine vom Mann initiierte „zerstörerische Seuche", die das Gemeinschaftsgefühl und damit die Kraft der Frauen (gegen den Mann und für ihre Rechte einzutreten) lähmen soll. Die Amerikanerin ist der Überzeugung, alle Frauen wären Schwestern, würden sie nicht ständig von den Männern durch die Einimpfung gefährlicher Ängste gehindert, sich dessen bewußt zu werden: „Dazu gehört, daß Männer Feindbilder von anderen Frauen aufbauen; angefangen bei der Schwiegermutter, die alles besser konnte, über die Exfrau, die besser war im Bett, die wendige und clevere Sekretärin aus dem Büro bis zu den namenlosen Schönheiten auf der Straße, denen er auffällige Beachtung schenkt." Janice Raymond vertritt den Standpunkt, Männer handelten immer nach dem Motto: Verunsicherung ist die beste Schwächung.

„Alles ganz anders", widerspricht Jeanette Becker. Sie behauptet, es sei genau andersherum. Ihrer Meinung nach fördern Männer die weibliche Solidarität und enge Frauenfreundschaften. Was jedoch keinesfalls aus edlen Motiven geschähe, sondern aus der Erkenntnis heraus, daß die „Opfermentalität" in einer solchen Gemeinschaft ihren Höhepunkt erlebe. „In der Tat scheint es doch so, daß verfolgte Minderheiten aus der Geschichte genau deshalb so willige Opfer waren, weil sie sich in ihrem Leid gegenseitig trösteten, statt sich einzeln des Unrechtes bewußt zu werden und dagegen zu kämpfen", erklärt Jeanette Becker. „Eine getröstete Seele erhebt sich nicht, und dasselbe passiert mit den Frauen heute genauso wie in der Geschichte, im fernen Asien nicht anders als in der westeuropäischen Kultur."
Frauen, vereinigt euch, heult gemeinsam über das ertragene Leid, helft euch in der Stunde der Not, aber lehnt euch ja nicht auf. Nichts anderes ist das Ziel der Männer, so Jeanette Becker: „Sie wissen aus eigener Erfahrung, daß wenige Einzelkämpfer eine viel größere Gefahr sind als eine Meute selbstmitleidiger Frauen, die sich in ihrem Trost hindern und lähmen."
Bleibt nur die Frage – warum, zum Teufel, lassen Frauen ihre Rivalität nicht einfach zu?

Linda Gillman, eine amerikanische Sozialforscherin, dazu: „Frauen sollten endlich geschickter mit ihren Rivalitätsgefühlen umgehen, das heißt: sie ausleben und sie als treibende konstruktive Kraft begreifen. Die weiblichen Hemmungen sind ebenso schädlich für die Entwicklung der Frauenbewegung wie die Hemmungslosigkeit der Männer. Rivalität, Eifersucht und

Konkurrenzneid sind gerade darauf zurückzuführen, daß Frauen sich zu lange daran gehindert haben, sich offen aneinander zu messen."

Die Quintessenz der Experten ist also: Frauen bekämpft euch, macht euch die Rivalität zunutze, fordert euch heraus, statt euch zu hemmen, solidarisiert euch wirklich. Diejenige, die das Ziel zuerst erreicht, darf nicht als Verräterin gebrandmarkt – sie ist keine –, sondern muß als Vorkämpferin begriffen werden, der es nachzueifern gilt.

4. Kapitel

Irrwege – Eigene Erfahrungen mit der weiblichen Rivalität

Ich weiß es noch, als sei es gestern gewesen.
Ich war sieben Jahre alt, und das Wichtigste in meinem Leben war Clara, meine beste Freundin. Wir teilten Freud und Leid, den verbotenen Kaugummi ebenso wie unsere geheimsten Träume, und schworen uns mindestens einmal pro Tag Verbundenheit und Treue bis an unser Lebensende.
Das Leben war herrlich, meine Kindheit glücklich. Bis zu diesem einen Nachmittag. Ein anderes Mädchen trat auf den Spielplatz und damit in unser Leben. Es war zwei Jahre älter und im Besitz eines Puppenwagens, der uns den blanken Neid in die Herzen trieb. Sie bot uns an, ihn mitschieben zu dürfen – natürlich konnte das nur eine von uns tun.

Und ich spürte den Pfeil schmerzhafter Enttäuschung tief in meiner Kinderseele, als sie Clara wählte und die jubelnd zu ihr hin lief. Und es nahm mir fast den Atem, als sie nach der ersten Runde, statt stehenzubleiben, lachend an mir vorbeigingen. Und eine Welt brach für

mich zusammen, als sich Clara nach der dritten Runde bei der anderen untergehakt hatte und ergeben an ihren Lippen hing.
Kein Blick mehr für mich, kein Gedanke mehr an unseren Treueschwur. Aus. Vorbei.
Ich stand weinend am Holzzaun des Spielplatzes. Allein. Verlassen.

Später weinte ich nicht mehr. Sehr schnell hatte ich sie gelernt, die bitterste Lektion, die wohl jedes Mädchen zu lernen hat: Sei wachsam und schlau, besonders deiner besten Freundin gegenüber; sie ist die gefährlichste Rivalin, die schlimmste Feindin von morgen.

Also war ich wachsam. Und schlau. Und bemühte mich, hübsch zu sein. Und manchmal war ich auch ganz schön gemein. Zum Beispiel, wenn es darum ging, eine andere aus dem Feld zu schlagen, sie auszustechen – aus welchem Grund auch immer. Aber es konnte doch nun wirklich nicht angehen, daß meine Cousine Lisa, ausgerechnet diese Lisa mit dem ewig braven Gehabe und den eifrig auswendig gelernten Gedichten, Omas ganze Zuwendung bekommen sollte. Die stand mir zu. Mir allein. Der Ehrenplatz auf ihrem weichen Schoß gehörte – davon war ich überzeugt – einzig und allein mir.

Und als alles nichts half und Lisa mit immer neuen Gedichten aufwartete, da fiel es mir nicht länger schwer, die Tücke und List ach so weiblicher Art einzusetzen, gepaart mit kindlicher Unschuld natürlich, um mein Ziel zu erreichen. Und so zerfetzte ich es, an

einem traurig-schönen Sonntag, das Lieblingstuch meiner geliebten Großmama, bis nichts, aber auch rein gar nichts mehr von den zart gewebten Blumen übrig war. Da blieben nur ein paar mitleiderregende Fasern und Fetzen zurück. Und die steckte ich in ihre Tasche. In Lisas Tasche, versteht sich.
Ich mußte gar nicht so lange warten, wie ich erwartet hatte. Bald schon, entzückend schnell, vermißte sie es, das Lieblingstuch. Sie suchte – und sie fand. Den Rest jedenfalls. Den grausam kläglichen Rest. In Lisas Tasche.
Lisa weinte und schrie, beteuerte und beschwor ihre Unschuld. Und sie verlor. Sie verlor das Spiel, weil sie rot wurde und unsicher. Und weil sie stotterte. Und weil ich daneben stand, schuldig, aber schlau. Mit meinen braunen großen Rehaugen blickte ich tröstend (wenn auch falsch) in die meiner lieben Großmama. Und bald schon saß ich auf ihrem Schoß. Triumphierend und ohne Reue. Und ich blieb ihre Lieblingsenkelin bis zum heutigen Tage und vielleicht wirklich nur bis heute, denn wenn sie diese Geschichte hier liest...

Gottlob hatte man mich mit einer Schwester verschont, die es auszustechen gegolten hätte. Und da war auch kein Bruder, mit dem ich um die Gunst meiner Eltern hätte buhlen müssen. Ich hatte also leichtes Spiel im Elternhaus – zumindest, was Konkurrenz und Rivalität anging. Aber bald schon begann die Schule. Und da gab es viele tolle Lehrerinnen, die man bewundern konnte. Wir steigerten diese Bewunderung bis zum Götterkult: Wem hat sie zugelächelt, wer durfte die Tafel wischen, wie oft hat sie wen aufgerufen?

Wir kämpften um erste Reihen in der Klasse, die ansonsten leer blieben. Doch sobald sie, die Heißbegehrte, den Raum betrat, wollte jede von uns dort sitzen. Deutsch unterrichtete sie, und ich dankte Gott (oder auch seiner Frau) dafür, daß ich scheinbar gut und richtig mit der deutschen Sprache umgehen konnte. Nicht selten las sie, die Göttliche und Unerreichbare, einen meiner Aufsätze vor. Und alles hätte traumhaft und schön bleiben können, wäre nicht diese andere, ebenfalls talentierte Schreiberin in unserem Klassenzimmer aufgetaucht. Sie war exotisch, weil von einer anderen Schule gewechselt, talentiert bis zum Erbrechen und von einer atemberaubenden Skrupellosigkeit. Es verging keine Woche, da hatte ihre Mutter schon ein Plauderstündchen – ganz privat – bei sich zu Hause mit ihr, der Lehrerin, arrangiert, die über allem Irdischen schwebte. Und ich vergoß derweil bittere Tränen, und mein Tagebuch füllte sich mit Wehgeschrei und geplanten Mordkampagnen.

Es folgten bittere Tage und Wochen. Dann kam das Landschulheim. Einsames Traumhaus am Bodensee. Aber wer interessierte sich schon für die Landschaft? Die Lage der Zimmer war entscheidend und der Sitzplatz im Speisesaal. Und hatte ich beim Schlafsaal kläglich verloren, gelang mir doch der klare Sieg im Speisesaal. Rechts neben mir saß sie. Vor lauter Stolz und Wonne vergaß ich zu kauen, und sie schenkte mir viele, viele nur für mich bestimmte besorgte Blicke.

Doch das allein genügte mir nicht. Als sich ein paar Tage später eine grausame Schlappe andeutete, weil sie, die verhaßte Nebenbuhlerin, mit ihr, der Heißgeliebten, ins Dorf fahren durfte, weil sie angeblich – welch schamlose Lüge! – ganz urplötzlich Zahnschmerzen bekommen hatte, wußte ich, daß ich handeln mußte. Die Gelegenheit bot sich schon zwei Tage später. Ein Ausflug in die nahe Schweiz stand auf dem Programm. Besichtigungen von Napoleons Häusern, Burgen und Museen aller Art.

Mein Coup war gut geplant – einzigartig und unnachahmlich: Ich verschwand. Auf Nimmerwiedersehen – zumindest für diesen Ausflug. Allein und verlassen blieb ich in einer fremden Stadt, in einem fremden Land zurück.
Oh, wie sie sich sorgte. Wie es ihr leid tun mußte, ihr Verrat an mir. Die Wellen des Bodensees schluchzten und plätscherten beruhigend, während ich – tapfer und glücklich in einem Gebüsch versteckt – die dunkle Nacht nahen sah. Wie mußte sie sich nach mir verzehren. Wie würde sie mich an ihre Brust drücken, wenn ich erst wieder da wäre. Unversehrt und schön nach diesem todesmutigen Akt.
Irgendwann schlief ich ein.

Daß die Dienststelle der schweizerischen Polizeistation klein und rauchgeschwängert war und die Beamten neugierig herumstanden, vermochte meinem Glücksrausch keinen Dämpfer aufzusetzen. Denn sie kam tatsächlich. Und sie lächelte. Und sie drückte mich tatsächlich an sich. Und sie fuhr ganz allein mit mir ganze vierzehn Minuten mit der Fähre über die verschworene See, und der Sternenhimmel leuchtete in dieser Nacht für uns ganz allein. Ich weiß es genau. Aber richtig glücklich war ich erst, als ich *ihre* Augen sah. Am nächsten Morgen. Es war der gedemütigte Blick der Verliererin, der mich in einen wahren Glückstaumel versetzte. Und noch Monate später sprach man im Zusammenhang mit unserer Reise nur von mir und meinem Abenteuer. Und davon, wie sie mich mitten in der Nacht ins Schullandheim zurückgeholt hatte. Ich und sie. Auf ewig verbunden. Dieser Sieg schmeckte köstlich.

Dann traten die ersten Männer in unser aller Leben, vielmehr solche, die später welche werden sollten. Hinter den Büschen des Schulhofes tauschten wir verbotene erste Küsse – soweit verborgen, daß die Knutscherei den Blicken der gestrengen Lehrerschaft entging, und doch so offensichtlich, daß man sich der neidischen Blicke der Konkurrentinnen sicher sein konnte. Es waren blasse, konturenlose Gestalten, die als Person uninteressant blieben und einzig dadurch, daß sie Objekt der Begierde (der anderen) waren, begehrenswert erschienen. Der weibliche Wettkampf um den Schönsten unter ihnen erreichte seinen Höhepunkt mit einem vorgetäuschten Selbstmord. Ja, sie war wirklich raffiniert gewesen, meine verhaßte Nebenbuhlerin im vierten Jahrgang am Gymnasium. Und er so dumm, so naiv und leichtgläubig, doch leider auch so verboten süß. Er hatte einen aufregenden Ohrring im linken Ohr – welche Verwegenheit! – und immer eine selbstgedrehte Zigarette lässig im rechten Mundwinkel hängen.
Ich lockte mit der Arroganz und Unerreichbarkeit sündig schöner Präsenz und dem totalen Entzug, wenn

er meiner zu sicher zu werden schien. Und ich war auf vollem Erfolgskurs gewesen – bis dieses skrupellose Luder kam, viel weniger hübsch, aber ewig bemüht, sich den Touch der zarten verletzbaren Fee zu geben – wie ich so etwas haßte! Nein, sie paßte so ganz und gar nicht zu ihm, dem wilden, stolzen Möchtegern-Rebellen. Das mußte er doch sehen, und wenn er's nicht merkte, wollte ich es ihm zeigen. Wir lieferten uns heiße Schlachten am Zaun des Schulhofs, und immer nur zwanzig Minuten lang – die Dauer der großen Pause. Längst hatte ich heimlich geübt, Zigaretten selbst zu drehen und sie ebenso lässig wie er im Mundwinkel hängen zu lassen. Längst hatte ich von meinem kargen Taschengeld Motorradzeitschriften gekauft, um mich kundig zu machen, was die neuesten Marken und die leicht frisierbaren Modelle anging.

Und er war begeistert. Begeistert von mir. Sie lag weit abgeschlagen hinter mir, hatte nichts in die Waagschale zu werfen als ihr elfenhaftes Wesen und einen pseudoverschleierten Blick, den sie wohl irgendeiner Leinwandschönen abgeschaut hatte und der an ihr nur lächerlich wirkte.

Aber dann fiel ihr die Sache mit dem Selbstmord ein. Der dramatische Abschiedsbrief war dabei natürlich das allerwichtigste, und ein paar leere Schlaftablettenschachteln ließen sich leicht auftreiben.

„Leb wohl, Du einzig Geliebter, ich kann ohne Dich nicht leben, nicht existieren. Vielleicht, eines Tages, in einer anderen Welt, werden wir uns wieder begegnen, und unsere Liebe wird leben – für immer . . .“

Er, der wilde Rocker, brach zusammen, fiel auf den

Schwindel rein, als er sie wie aufgebahrt auf einem reizvollen Sterbelager in ihrem Elternhaus vorfand, in dem sie passenderweise ganz allein war; Vater und Mutter waren übers Wochenende weggefahren. Er glaubte auch den Worten einer guten Freundin, die sie angeblich im Sterben liegend angetroffen hatte. Ergriffen saß er an ihrem Bett und hielt liebevoll tröstend ihre Hand. Und das schamlose Geschöpf ließ sich – Dornröschen gleich – von ihm, dem verwegenen Prinzen, ins Leben zurückküssen.

Und fortan war er ihr ausgeliefert, schmolz förmlich dahin angesichts ihres lächerlich verschleierten Blicks und hatte keinen einzigen Blick mehr für mich. Oh, wie ich sie verachtete und wie ich ihn haßte. Vor allen Dingen aber haßte ich mich selbst – warum nur war mir das nicht eingefallen?

Meine Mutter entdeckte ich erst, als ich fast schon ausgezogen war, nämlich kurz nach meinem sechzehnten Geburtstag. Irgendwelche Menschen hatten sich um mich versammelt und gaben mir die Ehre bei diesem damals so wichtigen Anlaß. Natürlich waren auch junge Männer dabei – nach dem Begehrtheits-Prinzip ausgewählt. Ganz anders die Mädchen, denn wer holt sich schon gern die eigene Konkurrenz ins Haus?
An diesem denkwürdigen Tag mußte ich allerdings zum ersten Mal registrieren, daß ich die Konkurrenz längst im Hause hatte. Der junge Mann war mir gar nicht aufgefallen, bis er deutliches Interesse an meiner Mutter bekundete, in der ich bis zu diesem Zeitpunkt ein geschlechtsloses Wesen gesehen hatte. An diesem

Abend aber sah ich sie dann – überrascht – mit seinen Augen, den vermeintlich männlichen also, und was ich sah, spülte mir sofort eine Welle bitterer Neid- und Rivalitätsgefühle ins töchterliche Herz. Sie war klein und zart, schlank und zierlich, und der Blick ihrer grünen Schlangenaugen – die ich nicht geerbt hatte (wie haßte ich das Schicksal nun für diese Ungerechtigkeit) – hing gebannt, aber siegessicher an seinen Lippen. Ja, sie war eigentlich das genaue Gegenteil von mir: dunkel, wild und rauh, ziemlich kompakt und mit nichtssagenden braunen Augen gestraft...
„Ich kann gar nicht glauben, daß Sie eine bald erwachsene Tochter haben, bei Ihrem Aussehen...“, schmeichelte dieser widerliche Snob und führte meine Mutter, diese verräterische Schlange, zum langsamen Tanz in die Mitte des ausgeräumten Wohnzimmers.

Ich habe ihr das nie verziehen.
Und seitdem sah ich sie als das, was sie wohl wirklich war – eine Frau, damit eine Rivalin, eine, der ich zu mißtrauen hatte, wenn sie mir zu dieser oder jener Frisur riet: Entsprang dieser Rat etwa dem Wunsch, mich so unvorteilhaft wie eben möglich aussehen zu lassen? Ich hungerte mühsam, um ihrer schlanken Figur auch nur nahezukommen, telefonierte mit Chirurgen und Optikern ob der Möglichkeit, meine verhaßte Augenfarbe zu verändern, und gab schließlich geschlagen auf. Der einzige Weg blieb – so bald als eben möglich aus ihrem Einflußbereich zu verschwinden, den direkten Vergleich zu meiden, meine Einzigartigkeit zu retten. Und so geschah es, daß ich schon mit siebzehn Jahren viele hundert Kilometer von meinem Elternhaus

entfernt ein winziges Apartment bezog. Befreit und allein war ich bereit, den Kampf des Lebens aufzunehmen, der in erster Linie immer den Kampf gegen weibliche Gegner bedeuten sollte.

Aber nein, ganz so einseitig sah ich das natürlich nicht. Nein, es gab Frauen, die ich liebte, und Frauen, die ich bewunderte. Frauen, die ich zu kopieren versuchte, über deren Bild ich weinte, weil ich nicht ebenso schön und erotisch wirkte wie sie. Und es gab viele gute und einige sehr gute Freundinnen, die ich heute, im nachhinein, als weitaus beeindruckender für mein Leben betrachte als irgendwelche Männer, die nach einiger Zeit wieder verschwanden und nicht mehr als einen bitteren Nachgeschmack hinterließen.

Ja, es gab Frauen, mit denen ich alles teilen konnte. Freud und Leid. Wir waren Verbündete im Kampf gegen die Unterdrückung der Frau, wir solidarisierten uns, weinten ganze Nächte, wenn einer von uns ein Leid geschehen war. Und ich fühlte mich manchmal wie eine verlorene Hälfte, wenn sie, die jeweilig einzige und beste Freundin, nicht an meiner Seite war. Wir waren Schwestern des Lebens, hatten einander gewählt und waren darum untrennbar miteinander verbunden – so lange wenigstens, wie wir tatsächlich eins blieben und nichts zwischen uns trat.

Genau das aber ließ sich eben niemals vermeiden. Mal war es eine andere Frau, die für eine von uns an Bedeutung gewann, mal war es ein plötzlicher Sinneswandel, den die eine oder die andere nicht nachvollziehen konnte, und Schwestern, die uneins sind, sind keine mehr. Meistens jedoch war es ein Abgesandter der Gattung Mann, der die verschworene weibliche Zweisamkeit sprengte, die ewige Freundschaft in Frage stellte.

Ich gebe es ehrlich zu: Auch ich vermied so manche Begegnung zu dritt, weil ich fürchtete, mein jeweiliger Begleiter würde unweigerlich in den Bann gezogen von den Vorzügen meiner jeweiligen Freundin, könne ihr mehr Aufmerksamkeit schenken als mir. Außerdem kannte ich sie ja, meine „Schwestern", die dies zweifellos waren, solange eben kein Mann in Sicht war. Aber wehe, es kam einer, dann war es schnell vorbei mit der Freundschaft. Und manchmal wollte ich einen schon ganz gerne für mich haben. Wenigstens für eine kleine Weile...

Die Kette kleinerer Rivalitätsepisoden – es würde ewig dauern, sie zu erzählen. Das Auftauchen einer anderen Frau empfand ich jedenfalls immer als Herausforderung. Entweder wollte ich so sein wie sie – oder eben ganz anders. Selten war und blieb mir eine gleichgültig. Der Versuch, es einer engagierten und begabten Nachbarin gleichzutun, machte mich zu einer leidlich guten Sportlerin. Ich färbte mein Haar abwechselnd schwarz und blond – je nachdem, welche es aus dem Feld zu schlagen galt – die Schwarze oder die Blonde. Ich war die zarte Fee oder das rassige Zigeunerweib – je nachdem, welche Rolle es auszustechen galt. Ich wurde zur wahren Streberin, als eine andere ausgerechnet in den Vorlesungen brillierte, in denen ich den Dozenten so gern von meinem einzigartigen Intellekt überzeugt hätte. Ja, so gestaltete sich mein Leben und mein Verhältnis zum eigenen Geschlecht zu einem recht anstrengenden Kampf, war mitunter von vielerlei unsinnigen Taten und Gefühlen beherrscht, aber alles in allem recht harmlos und nicht gerade zerstörerisch für mich und meine Persönlichkeit.

Dies änderte sich – mit M.
Es fing wie so oft damit an, daß ihn alle wollten. Alle Frauen, zumindest in der Belegschaft des Kinderheimes, in dem ich ein Praktikum absolvierte. War mir der eher Unscheinbare zunächst recht gleichgültig gewesen, erregte er doch in dem Moment meine Aufmerksamkeit, in dem ich feststellte, daß er all die Frauen um mich herum – egal ob jung oder alt, alternativ oder konservativ – in seinen Bann zog. Wer war er? Worin beruhte seine Anziehungskraft? Nun, er blieb eigentlich unscheinbar. Auch – oder erst recht? – beim näheren Hinsehen. Seine Aufwertung verdankte er dem – mehr als lächerlichen – Gehabe meiner Kolleginnen. Wenn's um ihn ging, wurden ruhige Seelen zu keifenden Furien oder umgekehrt, da zierte grellrosa Lippenstift die sonst blassen Lippen, da wurden kühle Egoistinnen zu hingebungsvollen Dienerinnen: „Vielleicht noch eine Tasse Kaffee?" Es hätte mich kaltlassen müssen. Das weiß ich heute. Damals jedoch, es ist mir fast peinlich, machte ich mit. Stolz? Kannte ich nicht mehr. Der gesunde Menschenverstand hatte mich im Stich gelassen, und so gurrte ich im Kreis meiner entfesselten Schwestern, die alles Schwesterliche längst verloren hatten und

sich um ihr Opfer scharten wie Aasgeier um den Wankenden im heißen Wüstensand.
Wahrscheinlich lag es an übergroßer Direktheit. Oder an mangelnder guter Erziehung. Was weiß ich? Jedenfalls hatte ich bald jede Zurückhaltung eingebüßt und schritt eines Abends nach einem Laternenumzug burschikos zur Tat: Ich sprach eine Einladung zum Essen aus. Ich, die ich überhaupt nicht kochen konnte. Aber darum ging es ja gar nicht. Er sagte ja und fuhr mich nach Hause. Die Blicke der fassungslos zurückbleibenden neidischen Verliererinnen jagten mir wohlige Schauer über den Rücken und verliehen dem Ereignis, das keines war, einen Glanz, den ich seitdem vergebens suche.

Die Welt (ihr weiblicher Teil jedenfalls) war gegen uns. Abgesehen von den bereits genannten Kolleginnen, die mich fortan schnitten und zwangsläufig aus ihrem Kreis verbannten, gab es zu meiner Freude, beziehungsweise meinem Leidwesen, auch noch diverse Exfreundinnen, die das „Ex“ gern wieder gestrichen gehabt hätten, kaum war ich auf der Bildfläche erschienen – verstehe eine ...
Gespräche „von Frau zu Frau“ verfolgten mich, und er wurde in nächtlichen Telefonaten abwechselnd angefleht, dann wieder angeschrien, mich zu verlassen. Das würzte unser Liebesspiel. Und als meine Mutter schließlich ihre Abneigung gegen ihn bekundete – und ich ganz sicher war, daß purer Neid sie dazu trieb –, war die Sache für mich klar: Diesen Mann mußte ich haben.

Meine wenigen hinterbliebenen Freundinnen schalten mich wahnsinnig. „Was findest du nur an ihm?" Und ich verdrängte rasch, daß ich die Frage eigentlich nicht recht zu beantworten wußte. Das Auftauchen eines hysterischen Frauenzimmers, das mich von seiner Seite zu verdrängen suchte, gab schließlich den endgültigen Ausschlag zu seinen Gunsten.
Denn da erlebte ich Glücksmomente nie gekannter Art und Intensität, und die Tatsache, daß er nicht eben mein Traummann war, wurde so nebensächlich wie nur eben möglich.

Ich heiratete ihn. Es klingt unglaublich, aber ich tat es wirklich.
Die Vorbereitungen erfüllten mein Herz mit Freude. Vor allem der Versand sorgfältig ausgesuchter Kärtchen, auf denen wir unsere Absicht verkündeten. Die Adressen seiner zahlreichen Verflossenen hatte ich längst heimlich aus seinem Schrank zusammengesucht und eine nach der anderen fein säuberlich auf Kuverts übertragen.
Auch jede meiner ehemaligen Kolleginnen unterrichtete ich per Brief von unseren Heiratsplänen. Was machte es schon, daß keine einen Mordanschlag verübte und keine eine Packung vergifteter Pralinen zurückschickte? Ich jedenfalls schwebte an diesem Tag auf Wolken. Es war der Rausch des totalen Sieges, der mich beflügelte. Ich hatte sie alle geschlagen. Alle.
Und vor allen Dingen mich selbst...
Eine anfängliche Flaute unseres Ehelebens war dann auch schnell vergessen, als *sie* in unser Leben – respektive wieder in seines – trat. Rachel. Schon der Name

jagte mir eine Gänsehaut über Rücken und Beine. Rachel. Zurück aus den Staaten. Ich bemerkte die Röte in seinem Gesicht, als er den Hörer an sein Ohr preßte und das Telefon wie einen wertvollen Schatz ins andere Zimmer hinübertrug.

Eine Stunde wartete ich, dann war das Telefonat beendet, und er kam ins Zimmer zurück. Ich maß ihn mit eisigen Blicken. Seine Augen glühten: Rachel ist wieder da. Vielleicht hätte ich „Hurra!“ schreien und ein Freudengeheul anstimmen sollen: „Rachel ist wieder da!“
Sie trafen sich. Natürlich. „Weißt du noch, erinnerst du dich ...“ – Samstagabend speisten sie beim besten Italiener. Zu Hause saß ich, wie eine verbitterte, sitzengelassene Jungfer. Rachel. Ich fand ihre Briefe. In einem Anfall von Haß und Wut und Unmoral hatte ich eine stets verschlossene Schublade meines Herrn Gemahls aufgebrochen. Da gab es auch Liebesgedichte, Nacktfotos, intime Geständnisse. Mich schüttelte es. Rachel war so ganz anders. Sie hatte einfach nicht zu ihm gepaßt. Viel zu emanzipiert und egoistisch. Eheleben – das war nichts für sie. Sie wollte nur Spaß. Das war's. Aber auch nur nach ihren Vorstellungen und in ihren Grenzen. Beim Sex – weit hinter jedem Mond. Dafür esoterisch und in allem das Heilige suchend. So auch in ihm und ihrer kosmischen Verbindung.
Ich schien da nicht weiter zu stören.
Sie allerdings störte mich. Und das ganz empfindlich.

Ich hätte ihn verlassen sollen. Ich hätte es tun müssen. Sofort. Es gab Gründe genug. Er hatte sich in jeder Beziehung als Niete erwiesen. Er war in keinster Weise das, was ich gewollt hatte. Aber ich blieb. Warum? Einzig und allein ihretwegen. Wegen Rachel. Ich mußte sie besiegen. Ich mußte besser sein als sie. Ich machte alles, wozu sie nicht bereit gewesen war. Ich ließ mich beleidigen, demütigen und beherrschen in einer Weise, die mir noch heute den Angstschweiß in den Nacken treibt. Denn mein Motor war stärker als meine gesunde Bremse: Ich will sie besiegen. Ich werde sie besiegen! Er mußte doch sehen, daß ich ihm gab, was sie nicht zu geben bereit war. Sie, die intellektuelle Emanze.

Ich wurde das willige Weibchen. Sie kann nicht kochen? Ich wurde eine perfekte Köchin. Sie wollte dein Kind aus erster Ehe nicht? Ich kämpfte so lange, bis sein Sohn bei uns wohnen durfte. Sieh doch, ich bin ihm die liebevolle Mutter, die sie nie sein wollte. Du hast unter ihrer Kälte gelitten? Komm doch, ich wärme dich. Es war ein schlechtes, ein bitteres und trauriges Schauspiel, und ich spielte es fast zwei Jahre lang. Und je mehr er von ihr sprach, um so enger klammerte ich mich an ihn.
Und je weniger sie ihn interessierte, desto leichter fiel mir die Vorstellung, ihn zu verlassen. Ich war von *ihr* abhängig. Von einer Frau, die ich gerade einmal zehn Minuten gesehen hatte. Und er schürte geschickt meine Ängste, und er mißbrauchte meinen Wahn, sie besiegen zu müssen.

Nach zwei Jahren traf ich sie zufällig auf der Straße. Wir lotsten uns gegenseitig ins nächste Café, beide bis zum Platzen von Wut und Enttäuschung erfüllt. Am Ende dieses Gesprächs ging keine mehr zu ihm zurück, und keine hat seitdem mehr als zwei Sätze mit ihm gesprochen.

Hatte ich ihn wirklich als unscheinbar und harmlos bezeichnet zu Anfang? Welch eine Täuschung. Er hatte uns beide zu demütigen verstanden. Er hatte sie mit aufpeitschenden Reden über mich und meine Willigkeit gehalten, mich mit Erzählungen über sie. Heute glaube ich, die Strafe, uns beide auf einen Schlag zu verlieren, war nicht annähernd hart genug für ihn. Wie auch immer. Die Erfahrungen aus meiner Kurzehe haben mein Verhältnis zu Frauen entscheidend verändert. Ich kämpfe nicht mehr. Ich rivalisiere auch nicht mehr, oder ich bemühe mich zumindest darum, es nicht zu tun. Allerdings sehe ich mich leider noch häufig Frauen gegenüber, die die Lektion, die ich so bitter gelernt habe, wohl noch vor sich haben. Seit ich einen über zwanzig Jahre älteren Partner habe, schlägt mir von allen Seiten Rivalität entgegen. Die Frauen begehren auf gegen mich. Da sind seine gleichaltrigen Bekannten, die sich durch meine Jugend bedroht fühlen und mit allen Mitteln versuchen, mich schlechtzumachen. Da sind auch sogenannte Kolleginnen, die für einen Vertrag mit einem Vorgesetzten gern bereit sind, mich verbal fertigzumachen – und sei es mit erfundenen Geschichten. Da ist eine Schwiegermutter in spe, die mit allerlei vorgetäuschten Krankheiten um die Zuneigung ihres Sohnes buhlt, meist dann, wenn zufälligerweise einmal ich seine Pflege benötige.

Und da ist eine Mutter, die noch immer die kleine zarte schwache Person ist, eine, die ihre Kleidung „leider

nur“ in der Kinderabteilung kaufen kann, so schlank ist sie, mein Gott, während ich selbst vor Glück über den Erfolg fast platze, wenn ich mich mühsam von Größe 40 auf Größe 38 heruntergehungert habe.
Und schließlich sind da immer noch – aufgrund seines fortgeschrittenen Alters – sehr viele Verflossene meines Liebesgefährten, die mich herzlich in den Arm nehmen und mir Freundschaft signalisieren, um dann, sehr sanft, aber gnadenlos verbal das Messer zu führen: „Tut er das bei dir auch? Also bei mir war er immer ... Er sieht so nachdenklich aus, weißt du nicht, daß er ...“

Inzwischen durchschaue ich sie alle, und sie kriegen mich nicht mehr aufs Schlachtfeld weiblicher Kriege, dafür ist mir meine Zeit zu kostbar. Ich gebe zu, ich bin sehr oft neidisch und versuche dann, das gleiche Ziel zu erreichen, das eine andere schon erreicht hat – allerdings ohne sie deshalb gleich vernichten zu wollen. Ich bin auch so manches Mal eifersüchtig, aber wer ist das nicht? Und ich wünschte, ich wäre so klein und zart und schlank wie meine Mutter, und begreife jeden Tag ein bißchen mehr, daß das wohl nicht möglich ist.
Und ansonsten find’ ich Frauen wunderbar!

5. Kapitel

Die klassische Rivalin – Vorgängerin in der Liebe

Die Rivalität zwischen der geschiedenen Frau beziehungsweise den ehemaligen Freundinnen eines Mannes und seiner neuen Partnerin gehört wohl zu den klassischen weiblichen Rivalitätsbildern. Eine verflossene Geliebte gilt in jedem Fall als Rivalin, weil sie selbst einmal besaß, was man gern noch besitzen möchte. Denn sie hat Erfahrungen mit einem Menschen geteilt, dem man so gern Einmaligkeit bieten und mit dem man Einmaliges erleben möchte. Eine Frau wird deshalb immer versuchen, besser zu sein als ihre Vorgängerin in einer Liebesbeziehung, was vor allem daran liegt, daß Frauen glauben, sich die Liebe und Anerkennung eines Mannes immer wieder neu erarbeiten zu müssen. Gerade aus diesem Grund sind Lob, Aufmerksamkeit und Anerkennung, die einer anderen, einer ehemaligen Partnerin gelten, für viele Frauen nur schwer zu ertragen – sie leiden unter Vergleichsängsten und fühlen sich leicht herabgesetzt. Die wenigsten Frauen sind davon überzeugt, daß sie um ihrer selbst willen geliebt werden, daß sie „liebenswert" sind. So versuchen sie, die beste Geliebte, Mutter, Karrierefrau oder Partnerin zu sein. Auf jeden Fall aber besser als die Vorgängerin.

Im Gegensatz zum Mann denkt eine Frau selten: Sieh doch, welch tolle Geliebte ich bin; fast schon zwangsläufig denkt sie: Sieh doch, ich bin die viel bessere Geliebte als ...
Den meisten Frauen fällt es deshalb schwer, ein unkompliziertes oder gar freundschaftliches Verhältnis zur früheren Partnerin ihres Liebhabers aufzubauen. Das gilt auch umgekehrt: Die frühere Geliebte empfindet die neue Partnerin in den meisten Fällen als „späte Abfuhr" und Minderung der eigenen Persönlichkeit. Ihr Selbstwertgefühl ist angeschlagen, denn eigentlich hätte sie sich gewünscht, daß er nach ihr keine andere mehr haben will, weil sie doch so unvergleichlich war. Durch eine andere ersetzt worden zu sein, kränkt und erfüllt sie mit Selbstzweifeln, läßt sie an der eigenen Einmaligkeit zweifeln.

„Sie ist immer besser"

Als ich Herbert vor fünf Jahren kennenlernte, war ich wie berauscht. Die Welt war rosarot, das Leben wundervoll, und Sorgen, nein, die schien es nicht zu geben – jedenfalls nicht, solange wir uns liebten.
Und so betrachtete ich auch seine beiden Kinder aus erster Ehe eher als eine schöne Zugabe, keinesfalls als Belastung, auch wenn sie bei uns wohnen würden. Aber da war ja Anda, die Haushälterin, und die beiden gingen auch schon zur Schule und waren für ihre zehn und elf Jahre sehr selbständig.

Und die Wochenenden würden sie ohnehin meist bei ihrer Mutter, Herberts geschiedener Frau, verbringen. Also, ich freute mich richtig darauf, Stiefmutter zu werden.
Und ich wollte dafür sorgen, daß die Mär von der „bösen Stiefmutter“ ein für allemal ins Reich der Märchen verbannt würde.

Am Anfang kamen wir kaum zur Besinnung. Ständig herrschte Trubel um uns herum. Die Hochzeit mußte vorbereitet werden, dann unsere Hochzeitsreise. Die Kinder waren derweil mit ihrer Mutter in den Sommerferien. Dann kam mein Umzug, die Auflösung der Wohnung.
Und ganz nebenbei war ich, wie gesagt, schrecklich verliebt. Die Kinder, das Familienleben lag noch vor mir – vor uns. Vor uns allen.
Ich war sehr geduldig. Wirklich, ich muß mir da nichts vorwerfen. Aber es fing schon bei einem der ersten gemeinsamen Mittagessen an. „Was ist denn das für ein Gulasch?“ fragt Simone, die ältere.
„Das schmeckt ja komisch“, setzt ihre kleinere Schwester hinzu. „Also, die Mami macht das immer ganz toll, das schmeckt viel besser bei ihr.“
Sicherlich, es sind Kinder. Aber was soll man in so einer Situation tun? Sagen? Denken?
Es kam noch schlimmer. Kaum zwei Tage später, als ich mit den Mädchen im Schwimmbad war und wir uns voreinander umzogen, kicherte Maren plötzlich los. „Die Mami hat einen größeren Busen als du.“
Und natürlich konnte sie dann auch viel besser schwimmen, und ihr Haar war auch viel glänzender.

„Das geht vorbei", versuchte mich Herbert zu trösten. „Das ist doch verständlich, die Mädchen müssen sich erst an dich gewöhnen, sie haben Angst, daß du ihre Mutter verdrängen willst. Aber das gibt sich."

Es gab sich nicht. Statt dessen bekamen die beiden noch kräftig Unterstützung – von ihrer Mutter nämlich. Plötzlich hatte Carola wieder Zeit. Viel mehr Zeit als früher, als ich noch nicht dagewesen war. Auch Zeit, ihre Töchter zu besuchen. Natürlich bei uns zu Hause. Und da bewegte sie sich, als wäre es immer noch ihr Haus und ich ein (vielleicht sogar unwillkommener) Gast. Und Anda, die Haushälterin, scharwenzelte um sie herum und nahm mich gar nicht mehr zur Kenntnis.
„Unsere Mami", schwärmten abends alle drei, nachdem die Diva in ihrem Cabriolet davongebraust war. Ich aber war ihnen gerade gut genug, ihre Schularbeiten zu verbessern oder ihre Zimmer aufzuräumen. Doch es hieß: „Carola." Carola hier und Carola da.

Sie hatte das Haus eingerichtet, ihre Kinder waren ständig um mich herum und ließen mich keine Minute vergessen, daß ich nur zweite Wahl war.
Und bei Herbert?
Ich lag nachts in dem Bett, in dem vorher sie geschlafen hatte, meine Wäsche lag in ihren leergeräumten Fächern. Überall war sie zuerst gewesen. Ich war immer und überall die zweite.

Und ich kam nicht klar damit. Denn zu allem Überfluß gab es noch Großeltern – mütterlicherseits –, die häufig zu Besuch kamen und von der guten alten Zeit sprachen, von ihrer Tochter. „Ja, ja, die Mami, gell, die ist schon toll." Und ich saß da wie das fünfte Rad am Wagen. Ausgestoßen und unerwünscht.

„Du hast mir gar nichts zu sagen, du bist nicht meine Mutter", hörte ich mehrmals täglich. Und von Anda: „Die Frau Karmer hat das aber immer so gemacht."

„Ich bin jetzt Frau Karmer", mußte ich dann scharf bemerken und erntete verletzte Blicke. Was Herbert betraf, so hatte er mehr und mehr das Gefühl, daß ich nur Unfrieden stiftete in seinem Haus. Auch er schien mich bald als Eindringling zu betrachten.

Manchmal war ich wie besessen von dieser Frau. Den Kindern konnte ich ja kaum die Schuld geben. Sie hingen an ihrer Mutter. Das war doch nur natürlich. Und daß Anda sich gern an die Zeit mit ihr erinnerte, konnte ich auch nicht als pure Feindseligkeit auslegen. Herbert traf ebenfalls keine Schuld. Er erwähnte sie ohnehin kaum einmal. Für mich aber war sie eine allgegenwärtige Bedrohung. Ihr Lachen schien nach einem Besuch tagelang durchs Haus zu geistern, ihr süßliches Parfüm hing noch nach zwei Wochen in den Räumen. Sie hatte uns und das ganze Haus besetzt. So kam es mir jedenfalls vor.

Aber vor allen Dingen hatte sie mich besetzt. Ich war die Zweitbesetzung einer Rolle, die sie vorgegeben hatte, und der Vergleich fiel immer zu meinen Ungunsten aus. Ich konnte sie nicht besiegen, nicht in einem einzigen Punkt.

Ich konnte wirklich nicht gut kochen, und sie kannte die ausgefallensten Gerichte.

Ich hatte keine Kinder, und sie hatte somit jeden Vorteil auf ihrer Seite. Sie hatte mir einfach immer zwölf Jahre voraus.
Ihretwegen gab es oft Streit zwischen Herbert und mir. Ich weiß gar nicht mehr, was ich ihm alles vorwarf. Ich konnte ihm nicht einmal begreiflich machen, was mir so zusetzte. Schließlich konnte er seiner Exfrau wohl kaum verbieten, die Kinder zu sehen.

Dann habe ich einen Schritt nach vorne getan. Besser gesagt, ich habe mich dazu gezwungen, etwas zu unternehmen, statt weiter zu leiden. Ich habe Carola eingeladen, und sie kam dann eines Nachmittags zum Tee. Die Atmosphäre war verkrampft, obwohl ich Anda wegen dieses Zusammentreffens freigegeben hatte, um nicht wieder diesen „wunderbaren" alten Erinnerungen lauschen zu müssen.
Wir schwiegen uns ziemlich lange an, aber irgendwann legte ich dann los und warf ihr vor, sie mache mir mein Leben – ganz bewußt – schwer, versuche mich zu beherrschen, und das hätte ich jetzt satt.
„Das sagen Sie", erwiderte Carola aggressiv, und dann brach eine Lawine los. Ich sei es doch, die versuche, sie ins Abseits zu drängen. Sie beschuldigte mich, mich bei ihren Kindern anzubiedern. Die beiden wagten es kaum mehr, von ihr zu sprechen. Außerdem nähme ich ihr offenbar übel, daß sie sich noch immer gut mit Herbert verstünde und auch mit der Haushälterin, mit der sie immerhin ein Jahrzehnt unter einem Dach gelebt hätte.

Ein Wort gab das andere, und wir gingen nach wie vor zornig auseinander, nachdem wir uns gegenseitig mit Vorwürfen überhäuft hatten. Danach wurde alles noch schlimmer. Ich war wirklich am Ende. Selbst meine Liebe zu Herbert vermochte es kaum, mir die Situation erträglicher erscheinen zu lassen. Richtig gut ging es mir – und uns – eigentlich nur an den Wochenenden, wenn die Mädchen nicht da waren. Dann gehörten wir ganz uns. Doch schon am Sonntagmorgen bekam ich regelmäßig Bauchkrämpfe, weil ich wußte, sie kommen bald wieder, zusammen mit Carola. Und dann hörte ich wieder den ganzen Abend: „Die Mami hat ... Die Mami sagt." Oder noch schlimmer – sie sprachen nur Herbert an: „Wir haben die Hütte besucht, weißt du noch, Papi, die, wo wir alle früher immer waren. Wir drei und die Mami ..."

Ich habe mir in dieser Zeit oft gewünscht, die Mädchen würden zu ihrer Mutter ziehen. Dann wäre alles einfacher gewesen, ganz bestimmt. Der Höhepunkt des Dramas aber stand mir noch bevor. Er kam, als ich immer mehr den Wunsch nach einem eigenen Kind verspürte. Nach einem Kind von mir, einem Kind von mir und Herbert. Nach einem Kind, auf das Carola keinen Einfluß hätte. Herbert sagte nein. Er wollte kein Kind mehr. Das war so bitter. Ich konnte nur noch denken: Mit ihr also hat er sich Kinder gewünscht, mit mir will er keine. Das tat so weh!

Ich habe dann einen klaren Schnitt gemacht. Ich habe die Familiensituation von mir getrennt, habe alles laufen-, aber nichts mehr an mich herangelassen. Ich be-

sann mich auf mich selbst, machte eine Weiterbildung und engagierte mich für eine Reihe sozialer Kampagnen im Umweltschutzbereich. Ich gab es auf, mit Carola zu konkurrieren, buhlte nicht mehr um die Gunst der Kinder. Ich wollte ihren Platz nicht mehr. Statt dessen machte ich Herbert klar, ich wolle ein eigenes Zimmer, schon damit ich in Ruhe lernen konnte. Also bezog ich ein kleines Gästezimmer in unserem Haus. Das richtete ich mit sehr viel Liebe ein – ganz nach meinem Geschmack.
Die Mädchen sah ich in der Folgezeit kaum noch. Ich hatte mich sogar geweigert, weiterhin ihre Schulaufgaben zu beaufsichtigen, und mit Herbert traf ich nur an einigen Abenden zusammen, wenn die beiden schon schliefen.

Diese Abende waren dann auch sehr schön. Durch meine neuen Interessen lernte ich viele neue Leute kennen, die wir dann nach und nach in unseren Bekanntenkreis integrierten. Das tat uns sehr gut, wie ich fand. Es waren nun Herberts und meine Erlebnisse und Freunde, über die wir sprechen konnten, nicht mehr die aufgewärmten Geschichten aus vergangenen Zeiten.

Heute bin ich ganz zufrieden. Carola ist längst keine Gefahr mehr, nur noch ein lästiges Übel. Viel Sympathie hege ich nicht für sie, das gebe ich zu. Mit den Mädchen läuft es besser. Seit ich nicht mehr ständig verfügbar bin und einiges auf die Beine gestellt habe, bin ich wohl auch als Person interessanter geworden. Ich bin für sie nicht länger der ungeliebte Ersatz.
Ich will auch gar nicht mehr die Ersatz- oder Stiefmut-

ter sein. Und je mehr sie das spüren und ich das durch mein Leben zum Ausdruck bringe, desto mehr kommen sie auf mich zu. Wir werden sehen ...

Spiegelbilder – auf der Suche nach der verlorenen Identität

Ich wußte, daß er sie sehr geliebt hat. Sie, Anja, seine Exfrau, die Mutter seiner Kinder. Der Schmerz war ihm noch ins Gesicht geschrieben, damals, als ich ihn zum erstenmal traf, in dieser Kneipe an der Ecke, wo ich versucht hatte, meinen eigenen Kummer zu vergessen. Dann war ich sitzen geblieben, gebannt vom Leid eines Fremden. Ich hockte da auf dem harten Barhocker und sah ihn einfach nur an. Lange, sehr lange.

Er nahm seine Umgebung kaum wahr, so erstarrt war er in seinem Schmerz, seinem Leid. Ich überlegte, wie sie wohl war, wie sie wohl aussah und was sie ihm wohl angetan haben mochte, daß er so lange so reglos dasitzen konnte, während der Schaum seines Bieres sich schon lange verflüchtigt hatte und bereits die ersten Stühle auf die Tische gestellt wurden.
Daß es um eine Frau ging, war klar, obwohl wir zu diesem Zeitpunkt noch kein Wort gewechselt hatten. Sie sitzen immer so da, so fassungslos, so rührend in ihrem schmerzhaften Erstaunen darüber, daß ihnen, ausgerechnet ihnen, so etwas zustoßen konnte, wo sie

doch so sicher gewesen waren, immer und wirklich immer Herr der Lage bleiben, Gefühle kontrollieren zu können. Und dann ... Dann war es doch passiert ...

Ich wußte auch, daß man diese vom Schicksal so hart gebeutelten Männer wie ein Kind ganz einfach an die Hand nehmen konnte – oder sogar mußte? Ganz gleich, wer man selbst war und wohin man wollte, man mußte ihnen einfach hilfreich die Hand entgegenstrecken, die dankbar ergriffen wurde – Rettungsanker ohne Namen, Ziel, Gesicht und Geschlecht. Und sie folgten dann wie willenlose verletzte Tiere der Fährte, die Tröstung versprach, eine Linderung des unermeßlichen Schmerzes.

Und so war es auch diesmal.
Er wußte nicht einmal meinen Namen, als er dankbar die Tasse mit dem heißen Tee umfaßte und sein von Seelenqualen verzerrtes Gesicht in einem meiner schwarzen Kissen verbarg. Er kam gar nicht auf die Idee zu fragen, wo er und wer ich war. Seine Sinne wurden von einer weit wichtigeren Frage beherrscht: Warum? Am nächsten Morgen blieb er einfach da, und wir saßen uns schweigend am Tisch gegenüber. Und auch am Nachmittag verharrten wir in diesem Schweigen, wenn man von den Fragen nach der Butter oder dem Wein absieht.
Meine eigenen Motive waren – und blieben – mir so unklar wie ihm, dem Fremden. Sein regloser Schmerz nahm mich und die Situation ganz und gar gefangen. Und ich liebte die qualvolle Unbestimmtheit des Augenblicks, die bange Stille, die nicht mehr als ein trauri-

ges Kopfschütteln ertrug, die Zeitlosigkeit unserer Bewegungen aufeinander zu und aneinander vorbei.
Wir waren wie zwei verletzte Tiere, die einander ansahen, stumm, im Schmerz vereint, durch jenen makabren Instikt, der die Elefanten auf ihren Friedhöfen zum Sterben zusammenführt – eine grausame Nähe, die von nichts und niemandem mehr zerstört werden kann.

Am dritten Tag nahm er seinen Mantel.
„Du gehst?"
„Ja."
Ich räumte die unberührten Tassen und Teller ab, die angetrockneten Lebensmittel.
Am Abend kam er wieder. Früher, als ich es erwartet hatte, und ich öffnete ihm mit nassen wirren Haaren und nur mit dem alten abgetragenen Bademantel bekleidet, von dem ich mich niemals trennen werde.
Er übersah mich mit der liebevollen Gleichgültigkeit, die Trauernden nun einmal zusteht und die nur eine Leidende einem Leidenden verzeihen kann, und nahm auf dem Sofa Platz, an derselben Stelle, an der er die letzten drei Tage verbracht hatte. Und ich begriff, daß ich ihn vermißt hatte während der wenigen Stunden, die er weggewesen war.

Er sah über mich hinweg in den matten Schein der Kerze und sagte: „Sie heißt Anja."
Ich lehnte mich in den Samtkissen zurück und befeuchtete meine Lippen, den Blick auf das wilde Flackern der Kerzenflamme gerichtet.

Anja war schön. Anja war kalt. Anja forderte alles und gab nichts. Anja wollte Luxus, Bequemlichkeit und keine Kinder. Anja hatte ihn verlassen, obwohl er ihr alles geboten hatte, was sie von ihm verlangt hatte. Anja hatte all ihre Sachen aus der gemeinsamen Wohnung mitgenommen, und er würde nie wieder an diesen Ort der Schmerzen, an diese Stätte der Schmach und Niederlage zurückkehren.
Also blieb er.

Unsere ersten Tage und Nächte gehörten Anja, und ich verstand das. Nach einer Woche gab er mir beim Abschied einen ersten flüchtigen Kuß auf die Wange, sah mich – wohl zum erstenmal – direkt an und sagte: „Ich heiße Helmut. Helmut. Wie mein Vater." Er lachte.
„Sabine", sagte ich.
Er nickte und ging. Sein Geruch blieb im Zimmer zurück, blieb an den eingedrückten Kissen auf seinem Sofaplatz hängen, und ich schüttelte sie nicht auf.

Ich werde Helmut lieben. Ich werde dafür sorgen, daß er sie vergißt. Sie, die es nicht wert war, geliebt zu werden. Sie, die es nicht wert ist, weiter in seinem Herzen zu leben, fest verankert, als bittersüße Erinnerung.
Sie war sein Seelentod. Ich aber werde die Auferstehung und das Leben sein. Jung und froh, unbeschwert und verständnisvoll. Und ich werde dadurch meinen Schmerz vergessen, der ohnehin kaum mehr Platz hat in mir, seit es Helmut gibt. Oder sie vergessen: Helmut und Anja, die so viel Raum und Platz verlangen. Noch...

Er fühlt sich wohl, das sagt er, als er auf dem Sofa sitzt, auf seinem Platz, und den Tee trinkt, diesen einfachen Kräutertee, den er so liebt – seit jener ersten Nacht. Wir sprechen weniger von Anja, wir sprechen schon wie andere Paare vom Alltag, dem Beruf und manchmal auch von uns. Wir wagen erste zarte Pläne für das bevorstehende Weihnachtsfest. Ein nostalgisches Weihnachtsfest, keine Palmenferien auf Teneriffa, wie Anja sie immer wollte. Statt dessen Tannenbaum und Weihnachtsgans. Wir lachen, laufen Hand in Hand über den Weihnachtsmarkt. Bratäpfel und gebrannte Mandeln. Unsere Liebesnächte werden stürmischer, der Puffer, der schwarze drohende Schatten, Anja, verschwindet mehr und mehr.

Ein Kind. Ich werde ein Kind bekommen.
Ich laufe durch die Straßen. Ganz aufgeregt. Ein Kind. Unser Kind. Das Kind, das du dir so lange ersehnt hast, Liebster, das Kind, das *sie* dir nicht schenken wollte. Ich werde es dir schenken, ihr Unrecht gutmachen, und keine Karriere wird mir zu kostbar sein, um sie nicht leichten Herzens zu opfern, keine lang getrimmte Figur zu wichtig, um nicht glücklich zuzusehen, wie sie sich rundet. Unser Kind!

Er ist gerührt und sagt lange nichts. Ein Mädchen? Ein Junge? Er sagt, das sei ihm gleich, Hauptsache gesund. Das übliche. Wir prosten uns zu. Ein kleines Glas Sekt. Das ist auch mir erlaubt.

Als ich die Kommode im Schlafzimmer aufräume, um Platz zu schaffen, fliegt sie mir entgegen: eine unschein-

bare Warenhaus-Tüte, gefüllt mit irgend etwas, aber nicht von mir, das weiß ich sofort.
Es ist Helmuts Tüte. Kleinkram, den er eigentlich nicht braucht, wie er sagt. Und den ich nun in den Keller schaffen wollte, weil in dieser Schublade die ersten Windeln für das Kind liegen sollen. Ich öffne die Tüte, erblicke viel Papier.

Ich weiß es sofort: diese Schrift, dynamisch, stolz und weiblich, Fotografien, verblichenes Glück und deshalb um so gefährlicher. Ich knie Stunden am Boden vor der Kommode, die offene Schublade auf meinen Beinen. Ich blicke auf Fragmente einer wahnsinnigen Liebe. Nichts anderes kann es gewesen sein zwischen ihnen. Tränen laufen über meine Wangen, und ich denke: Ich habe kein Recht, mich mit so etwas Gewaltigem wie einem Kind zwischen diese Liebenden zu drängen.
Die Fotos zeigen eine Schönheit. Dunkles schweres Haar, nicht diese blonden Engelslöckchen, wie ich sie trage, roter, ewig verführerischer Mund. Ihre großen Brüste zeichnen sich deutlich ab unter dem dünnen Kleid, das sie auf einem anderen Bild trägt.
Ich war so stolz gewesen auf meinen kleinen festen Busen. Du hast in Wahrheit keine Chance, flüstert mir ein kleiner teuflicher Dämon tückisch zu, sieh diese Frau an und dann dich! Es ist aussichtslos. Los, kämpfe! befiehlt mir eine andere Stimme. Und ich sitze dazwischen und weine einfach weiter.

Am Abend sind die Spuren des selbstinszenierten Dramas beseitigt. Ich bin gerüstet, und das mehrstündige Grübeln hatte Erfolg. Ich kann nicht sie werden, weiß

ich nun, nicht ihr Abbild. Also werde ich ihr Gegenteil. Sanft und gütig, bescheiden und liebevoll.
Meine Metamorphose, die keine ist, erfolgt in einem atemberaubenden Tempo. Ich bin Sabine immerfroh, ewig verständig, und selbst dem schlimmsten Dilemma blicke ich mit einem Lächeln auf den rosarot gefärbten Lippen entgegen. Unseren Sohn gebäre ich beinahe ohne Schmerzen, und seine Erziehung bereitet keinerlei Schwierigkeiten. Ich habe nie das Gefühl, auf etwas zu verzichten. Mein größtes Glück ist es, für Helmut und das Kind zu sorgen. Meine Figur hat sich rasch wieder in ihre frühere Form zurückentwickelt, und ich klage nie über Kopfweh, wenn Helmut sich in der immer selben Weise über mich beugt. Sein Glück ist mein Glück, und sein Erfolg ist mein Erfolg. Seine Liebe gehört mir, da bin ich ganz sicher, und die Tüte mit den Briefen und Fotografien habe ich in der dunkelsten Ecke des Kellers verstaut. Er hat nie danach gefragt.

Daß er mich betrügt, merke ich – wie wohl alle Frauen – erst, als es längst zu spät ist. Mir fällt nur auf, daß ich die schwarzen Samtkissen in seiner Sofaecke immer seltener aufschütteln muß. Das Essen wird immer häufiger kalt, und das Kind sieht mich fragend an, wenn der „fremde Mann" einmal in der Tür steht und sich als Papa vorstellt. Aber ich bin eine verständnisvolle betrogene Ehefrau. Szenen sind mir zuwider, und ich fordere keinerlei Entscheidung, bleibe stets sanft und freundlich. Das ist es, was er mir neben einer Tasse des einst so geliebten Kräutertees an den Kopft wirft. Erst drei Monate ist es her, und meine linke Wange ist noch immer geschwollen.

Ich sei keine Persönlichkeit, ewig lammfromm, keine Herausforderung. Ich sei wie eine programmierte Schlummerpuppe. Langweilig. Und außerdem sei ich ja „nur Hausfrau und Mutter".
Der Schmerz gehört diesmal mir allein. Er teilt ihn nicht mit mir. Er teilt das Glück. Mit der anderen, der Dunklen, Wilden, der, die niemals Kinder haben will und sich an seiner Seite beruflich nach oben boxt. Ich verweigere die Annahme des Unterhalts, weil ich noch immer so edel bin.

Einen Monat nach seinem Auszug treffe ich Michael wieder, um den ich getrauert hatte, damals, als ich Helmut traf. Michael hatte mich verlassen, weil ich so kalt war und so egoistisch, weil ich so viele Ansprüche stellte und er eine andere gefunden hatte, die so nachgiebig, verständnisvoll und sanft war, wie ich es nie sein würde.
„Du hast dich sooo verändert."
Sein Lächeln ist strahlend, als er sich verabschiedet und mit dem wuchtigen Kinderwagen um die Straßenecke biegt. Ich wünsche ihm und meiner Nachfolgerin viel Glück.

Ich warte, bis es Abend wird und die Babysitterin gekommen ist. Dann verlasse ich das Haus, noch gesichts- und körperlos, einzig dem Schmerz verbunden, und steuere die nächste Kneipe an. Es ist an der Zeit, wieder ein (Gegen-)Bild zu finden.

6. Kapitel

Mit List und Tücke – Weibliche Rivalität im Berufsleben

Erst im Verlauf der letzten Jahrzehnte haben sich die Frauen ein neues Feld für Rivalitäten erschlossen. Genauer – sie haben es mühsam erkämpft: das Schlachtfeld im Berufsleben. Hier wird um Karriere, Aufstieg und Macht gerungen.

Was bislang Domäne männlichen Ehrgeizes war, wird mehr und mehr von Frauen besetzt. Ungeübt, aber um nichts weniger hart rivalisieren die Frauen um Beförderungen und Geld, Chefsessel und Führungsrollen. Und das keineswegs, wie vielleicht einst die mutige Absicht, gegen das starke Geschlecht, sondern untereinander.

Frauen haben den Umgang mit Konkurrenten nie gelernt. Man hat ihnen nicht beigebracht, daß Rivalität gut und wichtig sein kann im Beruf. Männer kennen sich da aus. Sie kämpfen sich mit Ellenbogen nach oben, begreifen den Kampf aber doch als das, was er ist, als Wettrennen um den besten Platz: Sei härter, kälter, rücksichtsloser, das hat man sie gelehrt. Treten oder getreten werden. Die Absichten der Männer sind ebenso plump wie durchschaubar und deshalb erträglicher.

Frauen kämpfen anders.
„Sie lächeln einem ins Gesicht, signalisieren Freundschaft und stoßen von hinten zu“, klagen Manager, setzen aber gleich hinzu: „Frauen braucht man im Berufsleben nicht zu bekämpfen, denn sie behindern sich selbst.“ Den Männern kann das nur recht sein.
„Die beste Art, eine Konkurrentin aus dem Feld zu schlagen, ist, ihr eine Rivalin ins berufliche Blickfeld zu setzen“, erklärt ein Mann. Mit Männern tun sich Frauen dagegen leicht. Sie sind leicht durchschaubar, offenbaren ihre Ziele und sind somit weit weniger gefährlich.
Die Karrierefrauen, die ich traf, bestätigten mir allesamt: Nicht der Kampf gegen die Männer koste die meiste Energie, sondern ihre Geschlechtsgenossinnen hätten ihnen den Weg nach oben so schwer wie möglich gemacht. Der Grund liegt auch hier in der typisch weiblichen Denkweise: Du darfst nicht besser und erfolgreicher sein als ich, sonst habe ich versagt.
Daß eine Frau sich über andere erhebt, stört das weibliche Selbstwertgefühl empfindlich. Also wird diese Frau von anderen abgelehnt. Man sagt sich: Die gehört nicht zu uns. Sie ist anders, eine Außenseiterin. Führt die bloße Ablehnung nicht zum gewünschten Erfolg, wird so lange erbittert gekämpft, bis die Gleichheit wiederhergestellt ist. Den Sieg des Mannes dagegen kann man leichter hinnehmen, die Niederlage gegen ihn leichter verkraften, denn schließlich handelt es sich um einen

ungleichen Kampf unter ungleichen Voraussetzungen mit ungleichen Mitteln. *Aber du, Schwester, darfst nicht besser sein als ich, sonst ist unsere Gleichheit gefährdet.* Abweichungen darf es nicht geben: Nur gleiche Schwestern sind echte Schwestern.

Schwester oder Feindin, Liebe oder Haß. Zwischentöne gibt es da nicht.

Pionierarbeit

Natürlich hatte ich sie auch einmal – die Vorstellung, daß es möglich sein müsse, in einem Büro harmonisch und friedlich miteinander zu arbeiten, auch, nein, besonders unter Frauen. Mit Frauen, denen männliche Allüren nicht nur fremd, sondern aufs äußerste suspekt sein müßten, die weder Ellenbogen einsetzen würden, um nach oben zu kommen, die nicht treten und stoßen würden. Frauen waren da schließlich ganz anders. Ja, das dachte ich auch. Aber nicht sehr lange. Denn mit Frauen läuft es genauso. Ob im Kinderheim oder im Bezirksamt, wo ich heute arbeite: Es wird vielleicht nicht getreten, aber geschoben. Sanfter, aber dafür um so unnachgiebiger.

Woran das liegt?
Angelika, 44, Sozialarbeiterin, holt erst einmal tief Luft, aber dann gibt es kein Halten mehr. „An den Männern!" platzt sie heraus.

Aha!
„Ja“, fährt sie dann fort, „den Männern gelingt es einfach nicht, Frauen als gleichberechtigte und *gleichwertige* (das muß ich unterstreichen) Kollegen zu betrachten und zu behandeln.
Eine Frau wird immer und zuerst nach ihren weiblichen Attributen, ihren weiblichen Fähigkeiten und äußerlichen Vorzügen beurteilt. Den Vorteil hat immer die Jüngere, die Vollbusigere oder die, die am meisten gibt – nach Feierabend.“
Sie sind, laut Angelika, keine Seltenheit, „diese Kuckuckseier und Nestbeschmutzer“. So nennt sie die Frauen, die sie als schwarze Schafe aus den eigenen Reihen sieht.
„Und die machen mich so hilflos und gleichzeitig maßlos wütend. So eine paßt sich den Kriterien, den falschen Vorgaben der männlichen Berufswelt an und unterstützt damit die Herabsetzung aller Frauen.“

Das sieht nicht nur Angelika so.
Auch einige ihrer Kolleginnen aus dem Amt und viele ihrer Freundinnen und Bekannten teilen diese Meinung.

Die Lösung liegt nahe: Frauen arbeiten mit Frauen und Männern, Männer nur mit Männern. Oder?

„Das klingt lächerlich, aber etwas Wahres ist schon dran: Frauen können recht gut miteinander harmonieren, sich gegenseitig unterstützen und hervorragend kommunizieren, doch sobald ein Mann auf der Bildfläche erscheint, fällt bei den meisten das Raster, und der ganze üble Kreislauf von ‚Begehr mich', ‚Ich bin die Schönste', ‚egal, wie hoch der Preis ist', fängt sofort wieder an."

Also handelt es sich doch um ein Frauenproblem?

„Eines der weiblichen Erziehung", räumt Angelika ein, „aber in erster Linie ist es wohl darin begründet, daß das Berufsleben im heutigen Ausmaß für Frauen noch relatives Neuland ist. Sie sind noch zu unsicher, zuwenig gefestigt, um berufliche Herausforderung, eigene Selbstfindung und -bestimmung *und* die Herausforderung, männliche Vorgesetzte oder Kollegen zu haben, gut verkraften zu können. Da wird das hinterlistige Angebot des Mannes: Sei einfach Frau und schön lieb, dann zeig ich dir den richtigen Weg, nur schau, daß dir keine andere zuvorkommt, schon als sehr verlockend empfunden, doch es bedeutet eine tödliche Gefahr."

Also müssen die Frauen zusammenhalten, auf Gedeih und Verderb – und gegen die Männer?

„Pauschalieren möchte ich das nicht. Aber weibliche Solidarität im Berufsleben ist in diesen Tagen so ziemlich das Wichtigste. Wie ich schon sagte – die Anforderungen an eine berufstätige Frau sind ohnehin hart genug, da ist eine Erholungsebene dringend notwendig."

Notwendig gewiß. – Aber auch möglich?

„Warum denn nicht?"

Was wäre, wenn Ihnen morgen einer den Sprung nach oben böte, an seiner Seite, unter Ausschluß der Kolleginnen?

„Ich würde mir das zumindest sehr genau überlegen. Würde mich fragen, ob der Preis der verlorenen Solidarität nicht doch vielleicht zu hoch wäre. Denn mein Berufsleben wird ja nicht durch einen Status bestimmt, sondern durch den täglichen Arbeitsalltag. Ich wäre sicher nicht bereit, gegen eine andere Frau zu intrigieren und ihre Absonderung für meinen Aufstieg zu nutzen, weil es nämlich genau diese Verhaltensweisen sind, die unsere Arbeitswelt so kalt und unerträglich machen. Was sind denn tausend Mark mehr im Monat, wenn ich Tag für Tag mit Magendrücken an den anderen vorbei in Richtung Chefetage stolziere, keine Ansprechpartnerinnen mehr habe, mich in männliches Imponier- und Managergehabe pressen lasse, weil ich sonst ganz schnell wieder untergehen würde? Nein, da lob' ich mir ein offenes Gespräch in der Kaffeepause, die Freiheit, einer neuen Kollegin hilfreich zur Seite zu stehen, und solche Dinge."

Sie meinen also, eine Frau müsse „typisch weiblich" handeln: Hilfsbereit und lieb sein und dafür gern auf Anerkennung und Erfolg verzichten? Die Männer wird's freuen. Gegen dieses Bild haben Sie sich doch gewehrt.

„Zu Recht, weil die Welt nicht nur aus diesen Extremen besteht. Wenn keine mehr bereit wäre, eine andere wegzustoßen, damit sie selbst schnell nach oben kommt, müßten die Herren dieses Landes früher oder später umdenken. Denn sie können auf unsere Arbeitskraft schon längst nicht mehr verzichten. Leider sind viele Frauen viel zu schnell bereit, sich den männlichen Verhaltensweisen und Dogmen im Beruf unterzuordnen und – noch schlimmer – sie zu verinnerlichen."

Sie leisten Pionierarbeit?

„Vielleicht. Und mit mir viele, viele andere Frauen, und es werden immer mehr werden..."

Unter Frauen

Vielleicht war ich zu naiv. Oder viel zu glücklich über meinen Posten als Redakteurin bei dieser großen Frauenzeitschrift. Ich weiß es nicht. Auf jeden Fall merkte ich lange nichts von den atmosphärischen Störungen. Ich spürte sie nicht, die Rivalität und die Konkurrenz unter den Frauen an meinem neuen Arbeitsplatz. Und ehrlich gesagt, hätte ich sie in diesem Ausmaß auch nie und nimmer für möglich gehalten.

Frohgemut trat ich meinen ersten Arbeitstag an. Blumen standen auf meinem Schreibtisch, und die Kolleginnen – nur Frauen um mich herum – schüttelten lächelnd und – wie es schien – hocherfreut meine Hand. Willkommen, willkommen!
Ich war glücklich. Wir würden ein wundervolles Team

sein, ganz bestimmt. Die Chefredakteurin und ihre Stellvertreterin waren voll des Vorlobes: „So eine gute Schreibe und die richtige Nase für brisante Themen. Wir freuen uns!“
Und ich erst.

Alle meine Ängste bezüglich meiner Unerfahrenheit und Jugend waren unnötig gewesen, wie ich nun erleichtert feststellen konnte. Es war gar kein Problem, daß ich die Jüngste war, gut zehn Jahre jünger als der Durchschnitt der Mitarbeiterinnen.
Man, ach was, frau(!) nahm mich ernst. Meine Themenvorschläge kamen gut an. „Auf so etwas wie Sie haben wir gewartet“, meinte die Textchefin freundlich lächelnd.
Ein Thema allerdings stieß auf Zweifel: Weibliche Rivalität – gibt's die denn wirklich? Ja doch, gut, ein reizvoller Aufmacher fürs Heft, wird sicher gern gelesen.
Allgemeine Zustimmung, und später sahen sich die Frauen untereinander an – aber für uns hier gilt das nicht, oder?

Aber nein, gewiß nicht.
Eine andere Schicht, bestätigte auch die Chefin und strahlte ihre Stellvertreterin an. „Für so etwas haben wir doch gar keine Zeit.“ Allgemeines Gekicher und Zuprosten.

Ich war so stolz, eine von ihnen zu sein. Ich liebte es, mit Frauen zu arbeiten. Alle Vorurteile bezüglich dieser Redaktion waren unfair gewesen, das sah ich nach meiner ersten Woche ein. Nein, es war beinahe eine Auszeichnung, bei dieser Zeitschrift zu arbeiten, die die moderne Frau von heute anspricht. Und Kollegialität war hier erstes Gebot, sagte man mir.

Nein, es fiel mir nicht auf. Sicher, ich war beeindruckt vom immer makellosen Auftreten meiner Vorgesetzten und aller Kolleginnen. Alle waren von unglaublicher Schlankheit. Gerade so, als wären sie der Titelseite ihres eigenen Journals entsprungen. Später nannte ein Kollege sie „die vom Ehrgeiz zerfressenen Zombies", aber lassen wir das ...

Ich sah sie nicht, die giftigen abschätzigen Blicke auf die Beine der anderen (mehr Umfang oder weniger?), ich wunderte mich nur etwas über ihren kleinen Appetit, wenn sie in der Kantine das magerste Putenfilet krümelweise zu sich nahmen. Aber alle, wirklich alle, bestätigten sich gegenseitig immerfort, wie sehr sie einander doch mochten. Und so schwebte ich beim Jubiläum in der Gewißheit, einzigartige Kollegialität zu erleben. Er war da, der Verleger, samt seiner dreißig Jahre jüngeren Freundin. Und ich wollte bei Tisch mit meinen Kolleginnen ahnungslos eines der gewohnten Frau-zu-Frau-Gespräche beginnen.
Sehr rasch mußte ich bemerken, daß davon an diesem Abend nichts, aber auch rein gar nichts auf dem Programm stand. Keine hatte einen Blick für die andere. Alle starrten wie aufgezogene Marionetten in Richtung Seiner Majestät, des Verlegers. Die Chefredakteurin nippte mit keuschem Jungmädchenlächeln an ihrem Glas, als er an unseren Tisch kam und sich für die letzten Ausgaben bedankte. Sie seien toll gewesen, sagte er.

Und dann registrierte er mich – wohl, weil ich ein Neuzugang war, und begrüßte mich ausführlich. Eine Gelegenheit, die ich nutzte, ihn nach seinen anderen Projekten zu fragen, und so ergab sich alsbald ein interessantes Gespräch.

Ein Gespräch mit Folgen: Die Chefredakteurin sprach kein Wort mehr mit mir, und ich verließ ein wenig ratlos und recht früh das Fest. Nur wenige Tage später führte mich ihre Stellvertreterin zum Essen aus. Zwecks Besprechung interner Veränderungen, wie es hieß. Es könne sein, daß sich bald personelle Umbesetzungen ergäben, deutete sie vielsagend an. „Sie stehen dann hoffentlich auf der richtigen Seite.“
Ehrlich gesagt, verstand ich kein Wort. Noch weniger, als ich nach diesem Gespräch feststellen mußte, daß nun meine Schreibtischnachbarin, eine andere Redakteurin, plötzlich nicht mehr mit mir sprach. „Du hast dich entschieden, das hätte ich nie von dir gedacht“, war alles, was sie mir mit auf den Heimweg gab. Diese Bemerkung fand ich höchst rätselhaft.
Dann ging die Chefredakteurin vier Wochen in Urlaub. Längst hatte meine Euphorie bedenkliche Einbrüche erlitten. Eine Atmosphäre äußerst geladener Spannung beherrschte die Redaktionsräume, und ich atmete jeden Abend unvermittelt sehr tief durch, wenn ich endlich wieder auf der Straße stand.
„Ich will zu Ihrer Chefredakteurin“, ließ mich einige Tage später ein Mann wissen.
„Die ist in Urlaub“, erklärte ich.
„So ein Quatsch“, entgegnete er, „ich habe doch gerade erst mit ihr telefoniert. Sie erwartet mich.“

So erfuhr ich, daß die Stellvertreterin inzwischen den Platz ihrer ehemaligen Vorgesetzten eingenommen hatte. Eine Tatsache, die – abgesehen von mir – jeder Frau längst bekannt war. Nur sie, die gestreßte Chefredakteurin, hatte offenbar ebenfalls nichts gewußt. Denn sie schien recht fassungslos, als sie ihren Schreibtisch nach dem Urlaub von der ihr einst so freundschaftlich verbundenen Stellvertreterin besetzt vorfand.

Ein eiskaltes Lächeln war alles, was die noch für sie übrig hatte. Und nur meine Schreibtischnachbarin fand einige freundliche Worte für sie. Nun verstand ich endlich auch, warum sie sich plötzlich so ablehnend verhalten hatte – mein Essen mit der ehemaligen Stellvertreterin hatte mich zu deren Verbündeter gemacht.
Ich weiß nicht mehr, was wir damals inhaltlich überhaupt besprachen. Ich war völlig verwirrt und angesichts so vieler Lügen, Intrigen und Heucheleien total überfordert. Und ich hatte das Gefühl, äußerst auf der Hut sein zu müssen – zu Recht, wie sich nur zu rasch herausstellte.

Es galt, die Stelle der stellvertretenden Chefredakteurin neu zu besetzen, und das geschah auch sehr bald. Damit trat *er* in unser Leben. Ein Mann bekam sie. Und damit fielen die letzten Hemmungen im Konkurrenzkampf. Meine Themen – bislang von der neuen Chefin so hochgelobt – wurden nunmehr entweder in der Luft zerrissen oder lächerlich gemacht, meine Schreibe wurde von *ihm* gelobt, was meinem Todesurteil gleichkam. Alle anderen Frauen werteten sie nun als zu flapsig oder examinaristisch ab. Und das nur – wie mir langsam klar wurde –, weil ich zufälligerweise gute zehn Jahre jünger war, außerdem recht natürlich und – das war wohl der schlimmste Fehler – *ihm* recht gut zu gefallen schien.

Der Rest ist kurz erzählt. Das Treiben in den Gängen und Büros erinnerte mich in den folgenden Wochen sehr an vergangene Schulhofepisoden am Gymnasium. Aufgeregte und wildgeschmückte Hühner scharten sich gackernd und schnabelstoßend um den einzigen Hahn. Nimm mich, nimm mich! meinte man fast zu hören.

Er nahm sich keine, fand meine Themen aber weiterhin gut, und das reichte. Eines Tages stand ich dann in ihrem Büro. Ihr eisiger Blick paßte zur Atmosphäre des Raumes, und ihr Lächeln war kühl und triumphierend: „Sie passen nicht zu uns, Ihre Schreibe ist wabbelig geworden (ich forsche noch heute nach der genauen Bedeutung)."

Ich bekäme noch drei Monate mein Gehalt, fuhr sie fort, solle aber bitte sofort meinen Schreibtisch räumen und gehen. „Gehen", wiederholte sie etwas schrill, als ich nicht sofort aufsprang, und drehte ihren Stuhl in Richtung Fenster und mir somit den Rücken zu.

Nur hämische Blicke begleiteten mich auf meinem letzten Weg, auf dem Weg zum Ausgang. Diese Erfahrung hat mir zugesetzt. Ganz ehrlich, weit mehr, als ich gedacht hätte. Ich hoffe sehr, daß ich nie wieder mit Frauen zusammenarbeiten muß.

Und ewig lockt das Weib – Gespräch mit der Leiterin einer Werbeagentur

Sabine leitet seit sieben Jahren eine kleine, aber angesehene Werbeagentur in Hamburg.
Sie hat neun Mitarbeiter. Sechs davon sind Frauen.
„Am Anfang waren es neun. Ich hatte das Konzept, in meiner Agentur ein Möglichkeitsfeld für frauengerechtes Arbeiten zu schaffen. Also weg vom männlichen Arbeitsverhalten, Konkurrenzgebaren und dergleichen. Frauenfreundlich und human, so wollte ich mit und in meiner Agentur arbeiten, ein Zeichen setzen."

Ist Ihr Konzept gescheitert? Immerhin arbeiten jetzt bereits wieder drei Männer mit.

„Ich denke nicht, daß ich gescheitert bin, aber ich bin realistischer geworden. Meine Träume vom freundlichen weiblichen Miteinander, ja, die sind ausgeträumt, und die Umsetzung ist in der Tat gescheitert."

Woran lag das?

„Die Frauen sind im Berufsleben noch viel verkrampfter und verbissener als ihre männlichen Kollegen. Ich habe das unterschätzt, diesen Druck, unter dem sie stehen, oder unter den sie sich vielleicht selbst setzen – wer weiß? Eine Frau versucht sich viel vehementer unter Beweis zu stellen, fühlt sich unter einem ungleich stärkeren Konkurrenzdruck als die Männer. Ich habe das in dieser Form zu Anfang nicht für möglich gehalten."

Liegt das nicht immer noch daran, daß Frauen mit gleicher Qualifikation in der Arbeitswelt häufig benachteiligt werden, also in diese Kampfesstimmung geradezu hineingepreßt werden?

„Doch, mit Sicherheit ist das so. Der Druck von außen besteht. Das ist zweifellos richtig. Aber: Ich sagte, ich versuchte, in meiner Agentur ein Zeichen zu setzen, ein Gegenzeichen. Es gab ja zu Anfang keinen Mann, gegen den sie sich hätten durchsetzen müssen. Ich sagte auch jeder Mitarbeiterin, daß mir an einer Profilierung der einzelnen auf Kosten einer anderen gar nichts liege, daß es auf das Gesamtergebnis ankäme und daß ich ein effektives und freundliches Miteinander schaffen wolle. Und ich ging davon aus, daß dieser Anspruch von den Frauen mit Begeisterung mitgetragen werden würde."

Dem war aber anscheinend nicht so?

„Nein, dem war leider überhaupt nicht so. Vielleicht haben wir auch das Prinzip der Hierarchie viel zu sehr verinnerlicht. Ich versuchte wirklich, eine Atmosphäre des Miteinanders für die Sache zu schaffen, ein Zusammengehörigkeitsgefühl zu wecken – ohne Erfolg. Es gab keine Männer mehr, mit denen die Frauen hätten konkurrieren müssen, aber Konkurrenz gab es trotzdem genug. Und zwar untereinander und ausgerichtet auf meine Gunst. Ohne daß mir daran im geringsten gelegen war."

Gehört nicht ein gewisser Wettbewerb zum Arbeiten, zur beruflichen Herausforderung?

„Ansporn sicherlich. Das ist es gar nicht, was ich mit Konkurrenzgebaren meine. Natürlich möchte jeder die Top-Idee haben und den nächsten größeren Auftrag allein ausführen. Wir haben auch Prämien und dergleichen. Was ich aber meine, ist die Rivalität, die außerhalb des beruflichen und fachlichen Wettbewerbs läuft."

Die da wäre?

„Es gibt ja genügend Witze und Geschichten über den immer und zwangsläufig begehrten Chef und seine emsig bemühten Sekretärinnen. Da wird rivalisiert und mit allen weiblichen Mitteln um seine Aufmerksamkeit gekämpft. Ich fand das immer weniger witzig, sondern eher diskriminierend für alle Frauen. Und ich glaubte, wenn kein Mann da wäre, dann gäbe es – zumindest auf dieser Ebene – wohl auch nichts zu kämpfen. Aber das war ein Fehlglaube."

Ihre Mitarbeiterinnen buhlten trotzdem. Um Ihre Gunst?

„Genau. Man mag es kaum glauben, aber so war es und ist es. Irgendein Politiker machte mal die unverschämte Bemerkung, Frauen müßten unter einer Befehlsmacht stehen, um wirklich gut zu sein, aber dazu würde ein einziger Mann ausreichen, und wäre er noch so schwach – die Frauen würden ihn schon auf ein Podest heben. Ich will mich dem zwar ungern anschließen, mußte jedoch die Erfahrung machen, daß noch nicht einmal ein Mann vonnöten ist, um wirklich talentierte und fähige Frauen in emsig bemühte Ameisen zu verwandeln, die baggern und schuften, aber nicht um ihrer selbst willen, sondern zielgerichtet – auf meine Anerkennung. So wie die Ameisen alles tun für die Gunst der Königin. Das ärgert mich."

Und deshalb haben Sie drei Männer eingestellt? Hat sich dadurch die Situation entschärft?

„Ich wünschte, es wäre so. Nein, das Konkurrenzgebaren hat sich nur verlagert. Kaum war der erste Mann da, war ich ein Stück weit uninteressanter, und er stand im Mittelpunkt des weiblichen Interesses. Es ging also nicht mehr darum, mich zu einer wunderbaren und einzigartigen Frauen-Freundschaft zu bringen, etwa durch auffällig gleiche Interessen und Vorlieben und soviel private Ebene wie nur eben möglich. Mit der Einstellung des ersten männlichen Mitarbeiters ging hier das klassische weibliche Werben los. Es ist zum Grausen. Wirklich. Vielleicht ist die Frau doch zum Verführen geboren, hier bewegen sie sich tatsächlich nach dem Motto: ... und ewig lockt das Weib ...
Im Ernst: Sie zwingen mich in die Rolle der klassischen Vorgesetzten, pressen mich in meinen Machtstatus, und das nehme ich ihnen ziemlich übel."

Und wie ist das mit den Männern?

„Auch nicht gerade leicht, aber doch viel einfacher. Erst mal ist es wohl immer noch ungewohnt für einen Mann, eine Vorgesetzte zu haben. Die ersten Begegnungen verlaufen immer recht verkrampft. Aber das zumindest kann ich dann beeinflussen. Ich meine, indem ich ihnen vermittle, hier geht es um gutes Arbeiten, um eine entspannte Atmosphäre und nicht darum, inwieweit deine Männlichkeit oder mein Frauenverständnis durch die Situation noch bestehen kann. Das läuft auch ganz gut. Und es ist wirklich so: Die Männer konkurrieren nicht mit den Frauen um meine Gunst. So, wie die Frauen zuvor untereinander, als sie noch allein waren. Das ist die traurige Wahrheit, vielleicht sind Frauen auf das gütige Tätscheln einer Überfigur angewiesen, vielleicht sind sie aufgrund ihrer Erziehung noch immer viel zu autoritätshörig. Ich weiß es nicht. Aber es tut mir leid zu sehen, wie wenig sie sich auf ihre fachlichen Fähigkeiten berufen wollen und wie sehr sie noch immer bemüht sind, in jeder Hinsicht alle Zeit jedermann oder -frau von ihrer Perfektion zu überzeugen."

Werden Sie bald alle Frauen durch Männer ersetzen?

„Nein, bestimmt nicht. Ich schätze meine Mitarbeiterinnen wegen ihrer Fähigkeiten. Und ich bin Feministin genug, trotz persönlicher Enttäuschungen auf diesem Sektor immer für eine Gleichheit und Ausgewogenheit der Geschlechter zu sorgen."

Was ist mit den Männern anders, ganz konkret?

„Das Arbeiten mit ihnen ist entspannter. Ich kann Kritik, also sachliche, an ihnen üben, ohne ständig das Gefühl zu haben, sie damit nun persönlich zerstört zu haben, ein Gefühl, das einem Frauen sehr oft vermitteln.

Ich glaube, es ist für eine Frau leichter, von einem Mann kritisiert zu werden als von einer Frau. Nicht nur aus Gewohnheit, sondern auch, weil sie sich dann in den Gedanken flüchten kann: Typisch Mann, muß mich niedermachen ... Das entlastet.
Bei der Kritik durch eine Frau ist das viel schwieriger. Ich merke auch, daß ich viel verkrampfter bin und mir meine Sätze ganz genau überlege, bevor ich sie weitergebe, wenn eine Frau vor mir sitzt. Und wenn ich einen Mann aussuche, der mich auf einer PR-Reise begleiten soll, quäle ich mich niemals mit den Grübeleien, die bei der Wahl einer Frau sofort einsetzen: Fühlen sich die anderen jetzt total zurückgestoßen, herabgesetzt, oder überbewertet die eine meine Wahl vielleicht und erwartet nun auch eine private Freundschaft?
Mit Männern kann ich da viel freier umgehen. Das liegt aber auch an mir. Einen Mann, der mir privat zu sehr auf die Pelle rückt, kann ich gekonnt abweisen, das hat jede Frau in sich drin, aber einer Frau zu vermitteln, daß sie mir jetzt einfach zu nahe rückt, ist doch viel schwieriger.
Bei den Männern gibt's dafür ein anderes Problem(chen) ..."

Und das wäre?

„Ihre Frauen oder Freundinnen." Sabine lacht.

Wieso?

„Na, die können in Sachen weibliche Rivalität alle Register ziehen. Jedem Mann wird sofort unterstellt, in seine Chefin verliebt zu sein... Und dann noch eine Reise zu zweit. Ist doch sicher was passiert. Dabei ist es völlig gleich, ob ich sehr viel älter oder weniger attraktiv als die jeweilige Partnerin bin. Ich bin eine andere Frau, noch dazu eine mit Macht, also eine ganz schlimme Rivalin! Das ist schon witzig, wie am Telefon jede weibliche Stimme sofort unterkühlt klingt, wenn der seltene Fall eintritt, daß ich einen meiner Mitarbeiter mal zu Hause anrufen muß."

Ihr Tip oder ein Heilmittel gegen zuviel Rivalität?

„Also, ich selbst brauche keines. Ich bin zwar ziemlich eifersüchtig, aber auch nur dann, wenn ich einen konkreten Anlaß habe. Und ansonsten umgebe ich mich durchaus gern mit sehr attraktiven und sehr talentierten Frauen, das fordert mich heraus.
Eine konstruktive Rivalität also, und die, so finde ich, sollte jede Frau zulassen. Einer anderen das Wasser reichen zu wollen, ist ja erst mal etwas Gutes. Aber deshalb muß man der anderen ja nicht gleich den ganzen Rahm abschöpfen. Vor allen Dingen aber möchte ich allen raten: Mehr Selbstvertrauen!"

7. Kapitel

Freundschaft und Rivalität

Die absolute Verbindung

Die Verbindung zwischen Frauen ist von Extremen gekennzeichnet. Es ist eine Beziehung, die keine Grautöne zuläßt.

Frauen rivalisieren in ihrer Komplexität – und auf dieser Basis verbinden sie sich auch. Totalität bestimmt das Verhältnis der einen Frau zur anderen, in der Rivalität ebenso wie in der Freundschaft.

Daß die eine die andere bedingungslos und ohne das geringste Zögern jederzeit und um jeden Preis unterstützt, gilt als Grundvoraussetzung für die Freundschaft unter Frauen, die oft einem Bündnis gleichkommt. Ständige gegenseitige Bestätigung ist dabei ein großes Muß, denn die Kritik einer Verbündeten wird als doppelt kränkend und als Vertrauensbruch gewertet.

Frauen suchen in ihrer Freundin die Verbündete fürs ganze Leben. In jeder Situation soll es heißen: gemeinsam gegen den Rest der Welt, vereint im Schmerz, Schwestern in der Not. Aber auch das bedeutet immer: gleich um jeden Preis.

Zwei Frauen, die sich im Liebeskummer vereinen, sind beinahe schon auf den Liebeskummer als Vehikel ihrer

Freundschaft angewiesen. Wird die eine wieder glücklich, kann das Bündnis schon leicht einen Knacks bekommen. Das Glück der einen erscheint als Verrat an der anderen, der noch Unglücklichen.
Und das wird von beiden so empfunden. Sei bitte nicht besser, schöner oder glücklicher, denn sonst bin ich weniger wert...

Freundschaft und Rivalität liegen dicht beieinander – Liz und Sonja

Sonja: Liz ist meine Freundin, seit ich denken kann. Wir tobten zusammen in der Sandkiste, besuchten denselben Kindergarten und dieselbe Schule. Sie gehört zu mir. Ich würde beinahe alles für sie tun, wirklich. Sie ist mir wichtig, wichtiger als andere Menschen. Sie kennt mich, mein Leben, hat meine Erfahrungen – gute wie schlechte – mitgetragen. Ich brauche sie.

Liz: Sonja ist... Ja, was ist sie für mich? Die Bezeichnung Freundin ist einerseits viel zu alles –, andererseits viel zu nichtssagend. Sie ist fester Bestandteil meines Lebens. Ich kann mir nicht vorstellen, wie es wäre ohne sie. Sie hat mich noch nie gelangweilt, hat immer Verständnis gehabt; auch wenn ich in meinem bisherigen Leben oft übers Ziel hinausgeschossen bin, Sonja war da.

Sonja: Was ich an Liz besonders bewundere? Ihr Aussehen. Sie ist schön, klug und stolz. Das war sie schon als Kind. Außerdem kam sie aus den Vereinigten Staaten, sie hatte etwas Exotisches, etwas, das alle anderen nicht hatten. Sie trug Kleidung, die es bei C&A nicht gab, sie bekam Post mit ausländischen Briefmarken, und ihr Vater war ein bißchen dunkelhäutig. All das machte sie auf Anhieb interessant.

Neid?

Ja, ein bißchen schon, gerade als Kind. Aber gleichzeitig war da eine große Faszination. Ich fand und finde mich ziemlich gewöhnlich. Wenn ich allein durch die Straßen laufe, falle ich kaum auf. Ich habe ein Allerweltsgesicht, eine Allerweltsfigur, gehe unter in der Masse. Aber mit Liz an meiner Seite sieht man mich. Allein ihre Größe – sie ist 1,82 Meter groß – und dann ihre immer ausgeflippten Klamotten, die Frisur. Vor allen Dingen aber ist da ihre Ausstrahlung. Die läßt keinen und keine unbeeindruckt.

Eifersucht?

Ich weiß schon, daß ich immer die zweite Wahl bin. Also, die Leute laden Liz ein und mich eben dazu, weil wir nun mal so eng befreundet sind. Die Aufmerksamkeit gehört jedoch primär Liz, und was übrigbleibt, fällt für mich ab. Das macht mich manchmal schon bitter. Aber es gibt doch einige, die mich zwar durch und wegen Liz kennenlernen und dann feststellen, daß ich ein eigenständiger und auch interessanter Mensch bin. Also, warum klagen? Nein, ich habe nichts dagegen, daß von ihrem Glanz etwas auf mich herabscheint. Es gibt viele, die mich um Liz' Freundschaft beneiden. Sie tut sich nicht gerade leicht mit Nähe und Vertrauen und diesen Dingen. Deshalb kann ich mich ja durchaus als Auserwählte betrachten, nicht wahr?

Rivalität?

Sie liest das alles, oder?

Na gut. Ja, ich denke schon, daß die auch bei mir eine Rolle spielt. Ihr gelingt einfach immer alles, und dabei geht sie so leichtfertig mit allem um. Ganz gleich, ob es sich um Menschen, Freundschaften, Jobs oder sie selbst handelt, es geht heute so, morgen genau das Gegenteil – völlig gleich, was auf der Strecke bleibt, und die Schar ihrer Bewunderer und die Anzahl ihrer Möglichkeiten und ihre Persönlichkeit wächst und wächst, während ich... Nun, ich bin da mehr auf Sicherheit bedacht, lege Wert auf verläßliche Freundschaften, gehe gewissenhaft mit meiner Arbeit und mit mir selbst um. Leider mit viel weniger Erfolg als Liz. Es ist situationsbedingt, aber es gibt Nächte, da habe ich starke Rivalitätsgefühle, da wünsche ich ihr, daß sie wenigstens einmal auf die Nase fällt, daß einmal ich zum Zuge komme, daß mein Lebensprinzip einmal aufgeht und daß sie sich einmal nach mir richten muß.

Aber es ist wie verhext. Sie kommt nach einer ausschweifenden Nacht verkatert und viel zu spät zum Termin, legt auch noch den falschen Film ein und fotografiert ganz verschlafen und lustlos, während ich – wie gesagt – alles sehr gewissenhaft vorbereite und ausführe. Und das Ergebnis: Liz' Bilder hauen alle um. Einzigartig, das gewisse Etwas, etwas ganz Besonderes.

Am Anfang habe ich versucht, sie zu kopieren. Mich ebenso zu kleiden, zu verhalten, mein Leben zu führen. Aber das war lächerlich und hat mir nicht gefallen, vor allen Dingen aber hat es Liz nicht gepaßt. Das ist etwas, das ich ihr manchmal übelnehme. Sie nutzt mich ein wenig als ihr Podest, ihre Kulisse, oder wie immer man das nennen will: Ich bin der blasse unauffällige Hintergrund, der es erst möglich macht, daß ihr ganzer Glanz so richtig zur Geltung kommt. Meine Zurückhaltung und Introvertiertheit lassen ihr Temperament erst wirklich zur Geltung kommen. Ich glaube aber, ihr ist das nicht bewußt. Sie würde auch nie sagen, daß sie mich braucht. Das kann ich mir jedenfalls nicht vorstellen. Ich muß bei ihr damit rechnen, daß sie sich morgen in den Scheich von Arabien verliebt, und dann habe ich sie gesehen. Oder daß eine andere Frau ihren Weg kreuzt und ich als Freundin ad acta gelegt werde. Etwas in der Art kann jederzeit passieren. Trotzdem: Ich mag sie sehr. Ich würde sie nie hängenlassen. Das weiß sie auch, und das gibt ihr wohl auch jene Sicherheit und Verläßlichkeit im Leben, die sie nicht allein aufbauen kann und will. Wahrscheinlich würde sie erst merken, was sie an mir hatte, wenn ich nicht mehr da wäre...

Liz: Ich bewundere Sonja. Sie glaubt das nicht und auch sonst kaum jemand. Aber es stimmt. Ich mag auf den ersten Blick als die Erfolgreichere oder vom Glück des Lebens Begünstigtere erscheinen, aber das ist eben nur der erste Blick und nur ein Schein. Tatsache ist, daß ich sie wegen ihrer Ruhe und Ausgeglichenheit, ja wegen ihrer Selbstsicherheit bewundere. Sie weiß, wer sie ist, was sie will. Sie kennt ihre Eigenschaften und Vorlieben, kann ihre Launen und Gefühle einschätzen. Sie kann sich – das ist vielleicht das wichtigste – auf sich selbst verlassen. All das fehlt mir. Ich bin immer nur so gut – für mich selbst – wie mein letztes Foto, mein letzter Auftritt oder die Bewunderung des letzten Verehrers. Ich bin unstet, immer noch auf der Suche, und mein Hang zu einem auffälligen Äußeren ist in Wahrheit der Versuch, auf Distanz zu bleiben.

Die Leute sind ja so schlicht in ihren Einschätzungen. „Ach, sieh da, die ist aber mal flippig, cool und selbstbewußt" – nur weil ich mich so verkleide. Gut so. Wenigstens kommt dann keiner auf die Idee, daß ich sehr unsicher und ziemlich verletzlich bin. Ich halte mir die Menschen so vom Leib, denke ich.
Sonja ist die einzige, die ein wenig dahinterblickt. Ich sage bewußt ein wenig, denn was ich ihr ankreide, ist, daß auch sie allzu flott und scheinbar gern auf die äußere Hülle hereinfällt. Es gibt Tage und Abende, da möchte ich einfach nur so mit ihr dasitzen und traurig sein. Nichts sagen, nur ihre Nähe spüren. Und dann merke ich, daß ihr doch sehr an meiner Inszenierung liegt. Ich muß also auch ihretwegen die Schrille, Laute und Coole sein.

Vielleicht bringe ich sonst ihr Selbstbild durcheinander – wer weiß? Es ist schon so, daß unsere Rollen ziemlich festgeschrieben sind und daß die eine der anderen kaum die Chance läßt, sich daraus zu befreien. Ich hätte aber beispielsweise gar nichts dagegen, mal ihr die Zügel zu überlassen. Soll sie doch mal auf alle zugehen, einen Termin vereinbaren und durchziehen, sich in den Vordergrund bewegen. Aber das will sie in Wahrheit gar nicht, also muß ich weiterhin an vorderster Front kämpfen.

Neid?

Ja, darauf zum Beispiel, daß sie auf den von mir erkundeten Pfaden immer hinterherlaufen kann, ohne selbst ein Risiko einzugehen. Und darauf, daß die Zuneigung und das Interesse, das sie erfährt, ein sehr viel tieferes ist als das, das mir entgegenschlägt. Wie ich schon sagte: heute so, morgen vergessen. Was ich total verrückt finde, ist, daß Sonja mir meine Erfolge bei den Männern neidet. Zumindest konkurriert sie in diesem Punkt ganz augenscheinlich mit mir. Wie? Zum Beispiel versucht sie, mich nachzumachen, oder sie produziert sich auffällig im Gegenteil, ist besonders zurückhaltend, feinsinnig und sensibel, während ich den Laden schmeiße. Das geht mir oft auf die Nerven, weil mich ihre Zurückhaltung ja um so weiter in meine Power-Rolle zwingt.

Eifersucht?

Bei aller Zuneigung zu ihr, die ich wirklich empfinde, doch ja. Sie hatte in den letzten fünf Jahren nur eine Beziehung, und ich etwa zwanzig „Begegnungen", sag' ich mal. Diesen bedeutenden Unterschied nimmt sie oft gar nicht wahr, dabei gilt da die klassische Unterscheidung: Qualität statt Quantität. Ihr Freund hat sie wirklich geliebt, das war ein ganz tiefes Gefühl, Liebe eben, mit viel Vertrauen und Verantwortung. Und bei mir? Nur oberflächliche Gefühle.

Sonja weckt bei den Männern Beschützerinstinkte und

edle Gefühle. Nach dem Motto – fürs ganze Leben will ich für dich sorgen. Sie muß sich nicht beweisen, kann einfach sie selbst sein. Vielleicht stürzen auf sie nicht gleich alle zu und auch nicht sofort, aber wenn es einer tut, dann richtig. Weiß der Himmel, wieso sie mitunter grimmig auf meine recht zahlreichen Bekannten sieht, von denen keiner auch nur ein halbes Jahr für mich würde sorgen wollen oder gar Beschützerinstinkte empfindet.
Ich muß täglich ein neues Programm bieten. Und darauf, daß sie das niemals muß, bin ich gewissermaßen schon eifersüchtig.

Rivalität?
Das vielleicht mehr im Beruflichen. Ich hänge mich oft voll in eine Produktion hinein, weil ich mit ihr mithalten will oder besser sein will als sie. Und es wurmt mich, ehrlich gesagt, wenn man meine Zufallstreffer zwar bewundert, sie aber mit Sicherheit für die ernsthaftere Fotografin hält. Bei mir ist da immer so ein Fragezeichen dahinter – wer weiß, was sie beim nächsten Mal bringt? Auf Dauer wird sie sicher die Erfolgreichere von uns beiden sein. Und das kann ich nur ziemlich schwer verkraften. Dann gibt es doch noch etwas im privaten Bereich. Meine Eltern flippen voll auf sie ab. Ein Traum von einer Tochter! Wohlerzogen, hilfsbereit, freundlich und doch kreativ und erfolgreich. Ich bleibe das bunte Huhn, nicht ohne Sympathie betrachtet, doch in den Augen meiner Mutter lese ich ständig den stummen Vorwurf: Warum kannst du nicht so sein wie Sonja?

Ein weiterer Punkt ist der der Zufallsbekanntschaften, gerade was Frauen angeht. Auf Sonja gehen weitaus interessantere Frauen zu als auf mich. Das hasse ich geradezu. Ich gebe zu, daß ich oft dazwischenfunke, um ihr ihre „Eroberungen" abspenstig zu machen. Aber dahinter steckt der Wunsch: Seht doch, ich bin auch noch da. Vielleicht rivalisiere ich auch mit den anderen Frauen. Schließlich will ich Sonja als meine Freundin behalten. Ich weiß eigentlich nicht recht, was sie an mir findet. Außer, daß ich ihre Vorkämpferin bin, sehe ich wenig, was sie aus der Freundschaft mit mir ziehen kann, außer eben ihr Selbstbild zu stützen. Vielleicht hegt sie auch mütterliche Gefühle, mitunter hat sie so einen nachsichtigen Blick, der bringt mich auf die Palme. Es ist, als wolle sie sagen: „Da stehe ich mit meiner Tiefe und Weisheit meilenweit darüber." Und doch: Ohne sie wäre ich verloren. Ganz sicher...

Die beste Freundin

Die beste Freundin einer Frau ist immer auch ihre potentiell schlimmste Feindin.

Jede zweite Frau mißtraut ihrer Freundin, war kürzlich in einer großen Frauenzeitschrift zu lesen.

Die beste Freundin, so der Artikel, sei nach neuesten Erkenntnissen einer Studie von Soziologen ins Zwielicht geraten. Viele Frauen fühlen sich von ihrer sogenannten besten Freundin verraten und mißbraucht, ausgenutzt oder gar unterdrückt. Jede dritte hat die

Erfahrung gemacht, daß die Freundin versuchte, ihr den Partner abspenstig zu machen, die meisten berichten von Eifersüchteleien oder ausuferndem Neid. „Von meiner Beförderung erzähle ich ihr nichts, sonst ist sie beleidigt."

Bei aller Vertrautheit beherrscht auch Mißtrauen die Beziehung zwischen Frauen, heißt es da. Solidarität zwischen Frauen, so die Soziologen nach ihrer Umfrage, besteht nur, solange sich Frauen in gleichen Lebensbedingungen befinden, also beide Liebeskummer haben, beide verheiratet oder liiert sind, beide beruflichen Erfolg haben und so weiter.

Ungleichheit ertragen Frauen nur sehr schwer. Gleichheit ist in Frauenfreundschaften oberstes Gebot.

„Ich habe die Rivalität erst lernen müssen"

Vielleicht bin ich ja so ein typischer Fall der sogenannten typischen Mädchenerziehung. Jedenfalls hielt mich meine Mutter immer zum Stillsein, Höflichsein und Lächeln an, während mein ein Jahr jüngerer Bruder wild und laut sein durfte.

Dazu gehörte auch, daß er mit den anderen Jungen kämpfen durfte und sollte. „Zeig es ihnen!" forderte ihn mein Vater oft auf, um dann stolz zu bemerken, daß der Kleine eben ein richtiger Mann sei.

Mir blieb die Rolle der friedlichen und fürsorglichen Schwester. Ich hatte ein paar Freundinnen, die ebenso friedlich waren, und zusammen schoben wir unsere friedlich schlummernden Babypuppen in fein herausgeputzten Puppenwagen die Straße auf und nieder.

Nein, Rivalität war mir fremd. Ja, auch Neid oder Konkurrenzkampf in irgendeiner Form. Ich begehrte nie der anderen Hab und Gut, auch keinen ihrer Freunde und war nicht neidisch, weil die andere – später im Teenageralter – vielleicht die bessere Figur hatte. Ich war rücksichtsvoll und bescheiden und immer hilfsbereit. Daß ich sehr oft ausgenutzt wurde und vielen anderen die Rivalität und ihre Folgen gar nicht fremd waren, merkte ich erst sehr, sehr viel später.

Aber zunächst ging mein friedliches Leben weiter. Ich besuchte das Gymnasium und absolvierte dann eine Ausbildung zur Apothekenhelferin, weil ich einmal die Apotheke meiner Eltern übernehmen sollte. Meinem Bruder war von vornherein der Posten des Apothekers vorbehalten. Wie hätte es auch anders sein sollen? Ich hatte eine erste Jugendliebe, den ersten Liebeskummer und überstand ihn. Ich schloß mich einer temperamentvollen Klassenkameradin an, die das gleiche Berufsziel wie ich hatte, und fühlte mich wohl in ihrer Gegenwart, auch wenn die Aufmerksamkeit und das Interesse aller anderen immer nur ihr galten, war sie doch um vieles hübscher, schicker und vor allen Dingen entschieden mutiger als ich. Nein, ich bekämpfte sie nicht, nicht einmal in Gedanken, wenn bei einer Party gleich drei Jungen um sie herumstanden und mir allenfalls einer Aufmerksamkeit schenkte, weil er so Roswithas Adresse herauszufinden hoffte.

Ich half ihr bei den Aufgaben, die sie oft nicht gemacht hatte, weil sie mit viel zu vielen anderen Dingen beschäftigt war, und ich nahm sie mit nach Hause, weil sie selbst nur eine vielbeschäftigte Mutter hatte und ein Familienleben so sehr vermißte.
Natürlich verliebte sich mein inzwischen herangewachsener Bruder sofort in sie, und die beiden wurden ein Paar, was mich naives Schaf aufrichtig freute.
Es war meine eigene Mutter, die mein sonnig-friedliches Weltbild eines Tages ins Wanken brachte. Denn sie fragte mich rundheraus, ob mir denn klar sei, daß ich mich auswärts um eine Anstellung bemühen müßte, falls Roswitha und mein Bruder ernsthaft zusammenbleiben und vielleicht heiraten würden. Ich brauchte wirklich ewig, bis mir endlich klarwurde, was meine Mutter mit dieser Anspielung überhaupt gemeint haben könnte. Aber dann begriff ich: Natürlich, mein Bruder als Apotheker und Besitzer, und Roswitha als seine Helferin und Ehefrau, nichts lag näher. Da war kein Platz mehr für mich, die lästige Schwester und Schwägerin.
„Aber damit nicht genug", fuhr meine Mutter schließlich fort, „und dann solltest du dich schon ein wenig mehr behaupten", sagte sie mit ernstem und besorgtem Blick. „Die Roswitha benutzt dich doch als blassen ungefährlichen Hintergrund für ihre eigenen schillernden Auftritte. Merkst du das denn nicht?"

Nein, ich hatte es nicht bemerkt. Und es dauerte eine Zeitlang, bis ich mir eingestehen konnte, daß meine Mutter wohl recht hatte. Kaum nämlich galt in einer geselligen Runde ausnahmsweise einmal mir die Aufmerksamkeit, drehte Roswitha augenblicklich auf oder versuchte, mich irgendwie lächerlich zu machen. Und eines Tages, bestimmt war es ein Zufall, denn es war der Abend, an dem ich Bernd kennenlernte, der Roswithas Art so gar nicht mochte, bekamen wir richtiggehend Streit. Es dauerte gar nicht lange, da brach es aus ihr heraus. Ich verwöhntes Mauerblümchen hätte doch alles schon in die Wiege gelegt bekommen, sagte sie, Eltern, einen Bruder, die sichere Zukunft, das Erbe. Sie aber, sie müsse sich alles erst hart erkämpfen, doch das würde sie schon schaffen.

Ich fühlte mich verraten und sehr verletzt. Und ich war ungeheuer verunsichert – in bezug auf andere Frauen und deren Freundschaft. Es folgte eine Zeit, in der ich hinter jeder freundlichen Bekannten die potentiell schlimmste Feindin und Rivalin sah. Diese Angst war um so schlimmer, als es meinem Naturell so ganz und gar nicht entsprach, mich zu streiten oder zu intrigieren.

Ich wollte niemandem weh tun und selbst in Ruhe gelassen werden. Mehr nicht.

Aber das ging nicht. Denn bald tauchte eine junge Frau namens Martina auf, die sich prompt in Bernd verliebte. Ausgerechnet in ihn. Wir waren seit einem Jahr ein Paar und lebten gerade ein halbes Jahr zusammen. Ich hatte so schnell das Weite gesucht und war aus meinem Elternhaus ausgezogen, weil ich meinem Bruder und Roswitha aus dem Weg gehen wollte. Diese Martina also trat in unser Leben, genauer gesagt, zunächst in Bernds. Sie war eine neue Kommilitonin. Sie trafen sich häufig auch außerhalb der Vorlesungen. Das störte mich nicht besondes, doch bald war sie fast jeden Tag bei uns. Und immer noch sah ich darin keinen Grund zur Beunruhigung. Ich merkte nicht, wie geschickt sie mich ausmanövrierte. Kaum ein Gespräch, an dem ich mich beteiligen konnte. „Na ja, davon verstehst du ja nichts mit deinem Apothekerkram", hörte ich immer wieder. Sie stempelte mich ganz bewußt und durchdacht zum dummen Hausmütterchen ab. Aufforderungen wie: „Hol' doch mal eben Wein für uns geistige Schwerarbeiter!" waren an der Tagesordnung, und dabei lachte sie mich so strahlend an, daß niemand wirklich hätte glauben mögen, sie wolle mich damit in irgendeiner Form kränken oder lächerlich machen.

Aber nichts anderes war ihre Absicht. Die Krönung war das angebliche „Von-Frau-zu-Frau-Gespräch", um das sie mich mit zerknirschter Miene bat. Bernd litte unter emotionaler Zerrissenheit, teilte sie mir mit, er fühle sich wohl sehr zu ihr hingezogen, nicht zuletzt wegen des gleichen geistigen Backgrounds, fühlte sich auf der anderen Seite aber auch mir verpflichtet.

Aber ich müsse doch einsehen, ach nein, das könne man ja von mir doch nicht erwarten ...
Ich war am Ende. Und ich glaubte ihr jedes Wort. Daß Bernd überhaupt kein Interesse an ihr hatte, erfuhr ich erst, als es beinahe zu spät war, und zwar von einer anderen Kommilitonin, die aus einer anderen Rivalität heraus wiederum Martina zu schaden suchte.
Seitdem bin ich auf der Hut. Ich habe eine einzige gute Freundin. Der traue ich auch, doch ansonsten sind mir

meine Geschlechtsgenossinnen nicht mehr ganz geheuer.
Da ist so viel List und Falschheit im Spiel. Und damit kann ich immer noch nicht umgehen. Wenn mir eine sagen würde: „Du, paß auf, ich habe mich in deinen Bernd verliebt", dann wäre das fair und ehrlich, und ich könnte sagen: „Zieh Leine, oder ich mach dich fertig", oder sie auffordern, ihr Glück zu versuchen.
Aber dieses Freundin-Spielen und in Wahrheit Feindin sein, das macht mich krank. Das ist heimtückisch. Davon will ich nichts mehr wissen, aber leider begegnet es mir sehr oft. Und am häufigsten, wenn es um einen Mann geht. Eine ältere Kollegin in der Apotheke erträgt es beispielsweise nicht, daß sich ein guter Kunde neuerdings gern von mir bedienen läßt oder auch ein paar Sätze mit mir wechselt. Aber statt offen und direkt dazwischenzugehen, lächelt sie weiter und schwärzt mich dann bei nächster Gelegenheit bei unserem Chef an.
Der löst ohnehin die schlimmsten Konkurrenzkämpfe aus. Kaum betritt er den Raum, buhlen alle um seine Gunst. Und das richtet sich grundsätzlich gegen die anderen. Sehen Sie doch, ich bin als erste da, viel früher als ... Nein, ich verzichte natürlich gern auf meinen Urlaub, ich bin da nicht wie ... Sehen Sie her, ich trage hohe Schuhe der schönen Beine wegen, nicht diese Gesundheitslatschen wie Frau ...
Und das begleitet vom falschen tückischen Lächeln einer Schlange, die endlich wieder genüßlich Gift verspritzen kann.
Manchmal sind mir Frauen sehr viel fremder als Männer ...

„Die Teufelin": Rivalität auf die Spitze geschrieben

Filme und Bücher spiegeln auf viele Art das Verhältnis wider, das so typisch ist für die Beziehung von Frauen zu Frauen.
Weibliche Solidarität bis zum Überdruß treibt uns in Filmen wie „Die Mädels vom Immenhof" oder „Drei Damen vom Grill" Tränen in die verwunderten Augen.

Ganz anders war's in Erfolgsserien wie Denver oder Dallas. Alexis gegen Krystle, Sue Ellen contra Pamela – wie haben wir es genossen, wenn die Fetzen flogen und Tränen kullerten, wenn zwei sich gegenseitig in den Swimmingpool warfen oder sich kämpfend im Schlamm wälzten. Die Männer – mittendrin und doch nur blasse Statisten, Mittel zum (weiblichen Kampfes-) Zweck, nebensächlich, bestenfalls brauchbar als Auslöser.

In der Literatur erreichte die englische Schriftstellerin Fay Weldon ihren großen Erfolg, weil sie sich des Themas „weibliche Rivalität" in ganz besonderer Weise annahm. Ihr Werk „Die Teufelin", zum Beispiel, wurde auch in Deutschland ein Bestseller und die spätere Verfilmung (mit Meryl Streep) ein Kinohit.
Thema des Buches: Eine Ehefrau und Mutter, nicht eben hübsch, aber sehr loyal, erträgt eines Tages die sexuellen außerehelichen Eskapaden ihres Mannes – eines aufstrebenden Finanzberaters – nicht mehr. Im Badezimmer ihres Reihenhauses schwört sie bittere Ra-

che. Eine letzte Beleidigung ihres Mannes – „Du Teufelin“, hat er sie geheißen – kommt ihr als Leitmetapher ihres neuen Lebens gerade recht.
Vorbei mit Verständnis, Nachsicht und Zurückhaltung. Die Teufelin ist da und schlägt erbarmunglos zu. Ihre erste Tat: Das schmucke Eigenheim geht in Flammen auf, leider so, daß die Versicherung nicht bereit ist, den Schaden zu ersetzen ...

Opfer ihrer Rache soll jedoch nicht in erster Linie der treulose Gatte sein, sondern die Rivalin, seine neueste Liebesaffäre, die zur großen einzigen Liebe ausartete: die so weibliche, so reiche Liebesroman-Schriftstellerin Mary Fisher. Ihr also gelten alle folgenden teuflischen Aktionen, wobei weder Mutterliebe noch Skrupel anderer Art als Hinderungsgrund in Frage kommen.
Mary Fisher besitzt all das, was ihr, der immer Benachteiligten, weil viel zu großen und viel zu häßlichen Ehefrau nicht vergönnt war.
Mary Fisher ist die verkörperte Rivalität, und die Teufelin ruht nicht, bevor ihr Ziel erreicht ist: Die Rivalin, schön und reich, nähert sich immer mehr der einstigen Lebenssituation der Teufelin. Ihre Kinder leben in ihrem Haus, die bettlägerige Großmutter dazu, drei Hunde ruinieren die kostbare Einrichtung, und Mary, die Zarte und Schöne, wird zunehmend gereizter, was den abtrünnigen Ehemann nicht eben in seiner Liebe bestärkt, sondern ihn sein Vergnügen bald in den Armen neuer, jüngerer, weniger gereizter Gespielinnen suchen läßt.

Die Rivalin der Teufelin ist am Ende des wirklich brillant geschriebenen und mit viel Witz erzählten Buches – ebenfalls am Ende: Ihre Bücher – aufgrund der mißlichen Umstände peinliche Flops, ihr Haus verwahrlost und gepfändet, ihre Schönheit verflogen, ihre Gesundheit durch den Streß des Alltags zerstört, und die große Liebe sitzt für einige Jahre im Gefängnis. Strahlende Siegerin in diesem wirklichen Gefecht: Die Teufelin.

Auch in ihrem Roman „Frau im Speck“ liefert Fay Weldon wunderbare Kostproben zum heiklen Thema Frau versus Frau.
Esther, der Ehe und der Diätkuren überdrüssig, verläßt den Gatten, um sich in einer schmuddeligen Souterrainwohnung einzunisten und fortan nur noch zu essen. Doch der Genuß der neuen Eß-Freiheit ist ihr nicht lange vergönnt, schon bald taucht die sogenannte beste Freundin (Phyllis) auf und will den rettenden Engel spielen, wofür sie auch gern das „Opfer“ bringt, mit dem Ehemann der besagten besten Freundin ins Bett zu springen.

„Oh, Esther“, sagte Phyllis, „warum hast du mir nichts gesagt? Wenn ich gewußt hätte, daß du Hilfe brauchst, wäre ich doch sofort dagewesen ...“
Wofür sind Freundinnen denn da?
Phyllis, die sich Esthers Bericht vom ersten Tag der Diät anhörte, bekam davon allmählich selbst Hunger. Sie trank eine Tasse Kaffee und genehmigte sich einen Keks. „Du wirst noch mal eine Diät machen müssen, Esther“, sagte sie knabbernd.
„Aber wozu? Welchen Sinn hätte das?“ Esther hatte für

einen Augenblick zu essen aufgehört, und jetzt stieg die Verzweiflung in ihr hoch. „Heutzutage gibt es nur eine Tugend, und die besteht darin, jung zu sein. Der Jugend verzeiht man alles – selbst das Dicksein, und das heißt schon etwas. Und ich bin nun mal nicht mehr jung. Mir wird nichts mehr verziehen. Alles, worauf ich hoffen kann, ist, nicht weiter aufzufallen."

Phyllis versucht ihre Freundin zu beruhigen. Ohne Erfolg ...

„Wenn man weder jung noch schön ist, beweist es mehr Würde, wenn man einfach aufgibt. Und das ist das, was ich jetzt in meinem Alter endlich tun darf." – Das war Esther. „Ich finde, wie du sitzt und mampfst, ist keineswegs würdevoll." – So kontert Phyllis, die „beste" Freundin.

Am Ende bittet Alan seine Frau, nach Hause zurückzukommen. Daran konnte weder Phyllis' „freundschaftliche" Geste, die sich in einem One-night-Stand mit dem Mann ihrer „geliebten" Freundin zeigte, noch seine Affäre mit seiner jugendfrischen Sekretärin Susan – für ihn inzwischen „Susan Niemand" – etwas ändern ...
„Die Ehefrau bleibt immer Siegerin", sagte Phyllis optimistisch. Sie hatte sich mit ihrem Oberkörper seitlich gegen das Licht gesetzt, so, daß ihr neuer verschönter Busen richtig zur Geltung kam. Es war für Alan gedacht, aber der nahm keine Notiz davon. „Sie muß nur lange genug ausharren."
„Du blöde kindische, feige, ordinäre Kuh", sagte

Esther. „Ich glaube, ich kann dich nicht länger ertragen, Phyllis. Würdest du bitte mitsamt deinem Busen verschwinden und diesen langweiligen Nörgler von einem Ehemann gleich mitnehmen."

Am Ende aber – Friede und Freundschaft. Esther kehrt zu ihrem Mann zurück, und die Freundschaft mit Phyllis hat auch durch dieses Abenteuer keinen Schaden genommen.

In „Frau im Speck" gibt es noch zwei andere „beste" Freundinnen: Susan und Brenda. Susan kennen wir schon, sie ist kurzfristig Alans Geliebte, und sie teilt mit Brenda das Apartment. Jedenfalls, solange ihr Freund abwesend ist. Und in dieser Mansardenwohnung führen die beiden „typische" Frauengespräche.

„Es ist ein Jammer", sagte sie zu Brenda, „daß deine Beine so plump sind. Sonst könntest du den Verkehr auf der Straße aufhalten."
Brenda hatte lange Beine, und sie waren tatsächlich ziemlich massig um die Oberschenkel herum. Aber von der Seite gesehen war sie fast so schlank wie Susan selbst...
„Was kann ich machen mit meinen Beinen?"
„Trag keine Hosen!" sagte Susan.
„Aber Hosen sind so bequem."
„Du solltest es dir aber nicht bequem machen. Du mußt dir Mühe geben als Frau. Sonst könntest du genausogut ein Mann sein."
„Das ist ungerecht. Ich hab' es mir nicht ausgesucht, mit Beinen wie Kartoffelstampfer geboren zu werden."

„Wahrscheinlich sind sie gut zum Kinderkriegen."
„Kann ich mal gucken?" Brenda lebte in der Hoffnung, daß Susan eines Tages ein schmeichelhaftes Bild von ihr malen würde. Bisher vergebens.

Nach: Fay Weldon, „Die Teufelin"
„Frau im Speck"
dtv

8. Kapitel

Schwestern – Rivalinnen der ersten Stunde

„Mein Kampf gegen eine andere Frau begann mit meinem ersten Atemzug."
Stefanie lacht. „Nun, ganz so tragisch war es dann doch nicht, und außerdem wäre es viel richtiger zu sagen: Der Kampf einer anderen Frau gegen mich begann mit meinem ersten Atemzug."

Stefanie wird geboren, als ihre Schwester Kathrin gerade ein Jahr alt ist. Und damit beginnt die klassische Geschwisterrivalität.
„Weniger bei mir selbst als bei Kathrin, was nach Ansicht der Psychologen nur natürlich ist. Schließlich drängte ich mich in ihr Leben – zwischen sie und unsere Eltern – und nicht andersherum."
Während ihrer ersten Lebensjahre genießt Stefanie recht unbekümmert ihre Stellung als Kleinste der Familie. Zuwendung und Nachsicht sind ihr immer sicher. Außerdem ist sie auch noch ein ganz besonders hübsches Kind mit mütterfreundlichen Qualitäten. Sie schläft schon früh durch, lernt sehr schnell laufen und hat stets ein glückliches Lächeln auf dem Gesicht.
„Aber Kathrin war eine sehr begabte Sportlerin, er-

zielte schon bald erste Erfolge beim Schwimmen und später beim Reiten. Und das gefiel meinem Vater sehr, denn er liebte diese Sportarten ebenfalls. Die beiden waren dann sehr oft zusammen unterwegs, während ich bei meiner Mutter zurückblieb. Und da spürte ich zum ersten Mal brennende Eifersucht."

Stefanie beginnt, um die Gunst ihres Vaters zu buhlen. Sie versucht zunächst, es ihrer großen Schwester gleichzutun, scheitert aber in sportlicher Hinsicht. Also wird sie immer anhänglicher und mädchenhafter, bildet bewußt einen Gegenpol zur burschikosen sportlichen Schwester.
„Ich war sehr oft krank, und mein Vater saß dann an meinem Bett und nannte mich ‚seine kleine Prinzessin auf der Erbse'. Das gefiel mir."
Um so mehr litt sie, wenn er dann mit Kathrin zu einem mehrtägigen Wettkampf in eine andere Stadt fuhr.
„Meine Kindheit war zum großen Teil davon beherrscht, mit meiner Schwester um die Liebe und Anerkennung unseres Vaters zu konkurrieren", erklärt sie. „Wir trugen dabei regelrechte Wettkämpfe aus. Irgendwo spielte natürlich in all dem Durcheinander auch meine Mutter eine Rolle, und zwar insofern, als sie versuchte, mich ihr gleichzumachen. Sätze wie: ‚Wir beide sind halt der musische Teil der Familie', fielen immer wieder. Und sie schloß sich sehr viel enger an mich an als an Kathrin. Ist ja auch verständlich im nachhinein. Doch mir gefiel das damals nicht. Ich hatte nämlich das Gefühl, sie erwartete von mir, daß ich – auch wenn mein Vater und Kathrin da waren – immer an ihrer Seite blieb."

Stefanie fühlt sich bald von der Situation überfordert. Sie wird immer öfter krank. „Dann wenigstens war mir Ruhe vergönnt, und die Zuwendung meines Vaters war mir auf die altbekannte Weise wieder sicher.“
Ihre Schwester hat sie in ihren Träumen oft verdammt und zur Hölle geschickt. „Manchmal“, erinnert sie sich, „wenn sie von einem Wettkampf nicht zur vereinbarten Zeit nach Hause kam und meine Eltern sich schon sorgten, es könne ihr etwas passiert sein, da wünschte ich mir geradezu, ihr wäre etwas passiert. Und ich stellte mir vor, welch herrliches Leben ich hätte, wenn es Kathrin nicht gäbe. Alles würde mir ganz allein gehören. Vor allem natürlich mein Vater.“

Aber Kathrin passiert nie etwas. Und mit vierzehn Jahren bekommt sie einen Trainer, der sie zu den Wettkämpfen begleitet. Und Stefanie ist inzwischen zu einem hübschen Teenager herangewachsen – eine Tatsache, die auch der Vater voller Stolz zur Kenntnis nimmt.
„Es war eine tolle Zeit. Wenn Geschäftspartner oder Bekannte meines Vaters kamen und er mich stolz als seine ‚Prinzessin Wunderschön‘ vorstellte, lebte ich richtig auf. Meiner Schwester blieb dann nur die Rolle der Sportskanone. Ich empfand das als gerechten Ausgleich.“

Mit fünfzehn Jahren hat Stefanie ihre erste große Liebesaffäre. Eine in vielerlei Hinsicht überwältigende Erfahrung für sie. „Der Junge war wirklich toll. Vor allem, weil er mir seine ungeteilte Aufmerksamkeit schenkte. Und meine Schwester war rasend neidisch, weil sie ihn ebenfalls bewunderte. Ganz besonders wichtig war jedoch die Erfahrung, daß mein Vater eifersüchtig wurde. Er verbot mir die Geschichte zwar nicht, lud den jungen Mann sogar zu uns nach Hause ein, aber seine Blicke sprachen Bände."

Die nächsten Teenagerjahre erlebt Stefanie mehr sekundär über ihre Schwester denn primär über das eigene Empfinden.

„Wichtig war nur, Kathrin zu übertrumpfen."

Als Kathrin sich nach dem Abitur dazu entschließt, ihre sportlichen Ambitionen zum Beruf zu machen, und deshalb in eine weit entfernte Stadt zieht, ist Stefanie zunächst erleichtert. „Das Feld war endlich frei." Doch dann folgt Ratlosigkeit. „Irgendwie hatte ich den Spiegel meines Lebens verloren." Und sehr bald ist sie nur noch traurig: „Ich vermisse sie schrecklich."

Plötzlich ist jede Rivalität vergessen, der heißgeliebte Vater auch nur ein Mensch mit Launen und Schwächen und nicht so eindringlich und wichtig wie die Erinnerungen an die Schwester, an eine tiefe Verbundenheit, die nie gelebt wurde.

„Ich begann um Kathrin zu kämpfen, schrieb ihr Briefe, besuchte sie, versuchte, an ihrem Leben teilzuhaben und sie an meinem teilhaben zu lassen. Leider war sie sehr distanziert und blieb es bis heute. Sie hat sich von der ganzen Familie zurückgezogen und einen ausländischen Mann geheiratet, ebenfalls einen Sportler. Ich glaube, sie ist glücklich."

Stefanie verbringt die Zeit zwischen Abitur und dem Beginn ihrer Ausbildung zur Grafik-Designerin mit der panischen Suche nach einem Schwesterersatz.

„Das war mir natürlich damals nicht bewußt. Aber ich fühlte mich ungeheuer allein und leer, das hing wohl auch damit zusammen, daß sich mein ganzes Leben zu diesem Zeitpunkt änderte: Die Schulzeit war beendet, Kontakte verliefen sich, Kathrin war weg, und meine Mutter begann wieder zu arbeiten. Also Wendezeit."

Erste Freundschaften, die sie mit anderen jungen Frauen schließt, bleiben unbefriedigend. „Ich wollte was ganz Enges, eine richtig gute, verschworene Freundin, mit der man alles teilen kann."
Sie findet diese Verbündete schließlich in Meike, einer gleichaltrigen Künstlerin, und zieht bald darauf mit ihr zusammen. Eine wahrhaft verschworene Gemeinschaft.
„Wir machten alles zusammen, hatten nur gemeinsame Bekannte, und Meike machte mir auch ganz langsam klar, daß ich meine Kreativität und mein künstlerisches Geschick mit einem entsprechenden Studium nur kaputtmachen würde."

Stefanie läßt sich gern überreden. So leben sie in einem kleinen Haus auf dem Lande, arbeiten eher weniger, bestätigen sich jedoch täglich, daß sie einzigartig seien und niemand, wirklich niemand diese ganz besondere Freundschaft je zerstören könne.
„Ich war glücklich. Konkurrenzgefühle gab es nicht. Neid existierte nicht. Und all dieses krampfhafte Bemühen um Anerkennung, das war weit weg. Mir fehlte nichts, auch kein Mann. Trotzdem war die Beziehung zu Meike rein freundschaftlich, und keine von uns versuchte je das zu ändern."

Und doch ist es ein halbes Jahr später ein Mann, der die Illusion von der ewigen Frauenfreundschaft zum Einstürzen bringt: Hartmut, ein Arzt, den Stefanie eines Tages wegen ständiger Magenschmerzen aufsucht.
„Liebe auf den ersten Blick. Oder auch erst auf den zweiten. Wer kann das schon sagen? Er gab mir jedenfalls schon in der ersten Behandlungsstunde das Gefühl, etwas ganz Besonderes und Einzigartiges zu sein. Unvergleichlich, außergewöhnlich. Das war es wohl auch, wonach ich in den Jahren zuvor immer gehungert hatte: Die Gewißheit, unersetzbar zu sein, einzigartig. Deshalb hatte ich auch Kathrin bekämpft, und aus diesem Grund hatte ich die Freundschaft mit Meike lanciert."
Die Trennung von Meike, ihren Auszug und die damit verbundenen traurigen Szenen möchte Stefanie nicht noch einmal durchleben müssen.
„Für Meike brach eine Welt zusammen. Und das Schlimme war, daß ich sie ganz genau verstand und selbst ungeheuer traurig war. Aber das mit Hartmut war sofort ganz ernst und ganz sicher gewesen, und ich war entschlossen, in sein Haus zu ziehen."

Da lebt sie heute immer noch. Heute, drei Jahre später. An Meike denkt sie oft, meist wehmütig. „Einfach deshalb, weil wir so ganz zusammengehört hatten. Die Freundschaft zerbrach so extrem, wie sie verlaufen war. Das war das endgültige Aus. Ich habe niemals wieder von ihr gehört."
Nicht der Person trauert sie heute nach, mehr wohl dem verlorenen Gefühl der Ausschließlichkeit. In der Beziehung zu Hartmut ist wenig davon übriggeblieben.

„Ich finde, das liegt an ihm. Er gab mir doch am Anfang das Gefühl, einzigartig zu sein, und heute höre ich jeden Tag von interessanten Kolleginnen und ganz besonderen Patientinnen. Ich hasse seinen Beruf."

Daß ihr Verhältnis zum eigenen Geschlecht schwierig ist, weiß sie selbst nur zu genau. „Eine Frau ist für mich immer eine potentielle Gefahr, eine Rivalin sowieso. Dabei ist es fast egal, ob sie jünger, älter, hübscher oder klüger ist. Sie ist eine Frau und gehört damit dem Geschlecht an, dem das Interesse und Augenmerk der Männer gilt. Und somit auch das des Mannes, mit dem ich derzeit lebe.
Ich werde sie bekämpfen, es sei denn, sie ist meine Freundin. Denn das ist für mich dann sehr viel mehr als eine lose Bekanntschaft. Dann ist sie meine Vertraute, hält hundertprozentig zu mir, ist irgendwie mehr Schwester als Freundin. Aber dann hat kein Mann mehr Platz in meinem Leben. Es ist aussichtslos, ich weiß, aber so ist mein Verhältnis zu Frauen nun einmal. Und nicht anders habe ich es bei anderen Frauen erlebt: ganz oder gar nicht. Feindin oder Freundin, entweder oder..."

9. Kapitel

Dein Kind, mein Kind – Rivalität zwischen Müttern

Die Rivalität unter Müttern spiegelt sich in unzähligen komischen Alltagsgeschichten wider. Denn im Kampf, das eigene Ich über Talent und Intellekt des Sprößlings zu definieren und den Mutterstatus aufzuwerten, wird zu wahrhaft hanebüchenen Übertreibungen gegriffen. Wenn „Jakob schon mit drei Monaten laufen konnte“, hat Lisa natürlich mit zwei Jahren bereits lesen können. Mütter liefern sich die heißesten Wettkämpfe, wenn es um die Fähigkeiten ihrer Kinder geht.

Das funktioniert auch in der Umkehrung: Eine Mutter, deren Kind die ganze Nacht durchgeschrien hat, fühlt sich entsprechend schlecht, mit einem schwierigen Kind bestraft, ist unglücklich. Bestätigt ihr aber eine andere Mutter auf der Straße ein ähnliches Schicksal, sieht die Mutterwelt gleich wieder ganz anders aus. Gute Ratschläge und Mitleidsbekundungen wechseln in atemberaubendem Tempo zwischen den Frauen, und jede geht dann getröstet und vielfach erleichtert ihrer Wege: Mein Kind kann nicht so schwierig sein, weil das der anderen ebenfalls ... Ich kann als Mutter also nicht völlig versagt haben, denn die andere Mutter ...

Diese Formel funktioniert – solange die Gleichheit gegeben ist.
Der vielbesprochene und beschriebene Zwist zwischen berufstätigen Müttern und denen, die zu Hause bleiben, entspringt demselben Muster wie alle anderen Rivalitäten zwischen Frauen: Eine Frau, die Beruf und Kind unter einen Hut bekommt, wertet die ab, die „nur" zu Hause sind. Deshalb *muß* sie einfach scheitern. Zumindest darf ihr Kind nicht ebenso begabt und klug sein wie das, dem die ganze mütterliche Aufmerksamkeit zuteil wird.
Die berufstätige Frau dagegen ist unentwegt bemüht zu beweisen, daß sie, obwohl sie die absolute Mütterlichkeit „verraten" hat – ob nun aus eigenem Antrieb oder gezwungenermaßen, weil sie nämlich mit- oder überhaupt verdienen muß –, genauso verantwortungsbewußt, besorgt und liebevoll ist wie alle anderen Mütter: Seht doch, ich bin eine von euch, verstoßt mich nicht...

Die Rivalität unter Müttern treibt die seltsamsten Blüten. Und Jungmütter, die stolz ihr erstes Kind spazierenfahren, lernen schnell die harten Regeln dieses Konkurrenzkampfes, in dem die eigenen Verdienste an den Fortschritten der lieben Kleinen gemessen werden.
Und wehe der Arglosen, noch Unerfahrenen, die glaubt, alles „ganz gut im Griff zu haben" – sie hat garantiert alles falsch gemacht. Kaum hat sie den Rükken gekehrt, werden die Messer gewetzt.
Den offenen, aber auch den versteckten Angriffen sah sich auch Sabine gegenüber. Sie ist 35 Jahre alt und hat zwei Söhne von sechs und acht Jahren. Vor ihrer Ehe

mit dem Bankangestellten Peter war sie als Bankkauffrau tätig. Und sie hat festgestellt, daß die Rivalität zwischen Müttern sogar noch stärker ist als die zwischen Frauen im Beruf.
Das „Mütter-Dasein wäre an sich etwas Schönes", sagt sie heute, „mir hat eigentlich nie etwas gefehlt. Es ist schön, die Entwicklung der Kinder hautnah verfolgen zu können, jedes Lächeln zu sehen, jede Träne trocknen zu können.

Natürlich wollte ich dafür sorgen, daß meine Kinder so früh wie möglich auch mit anderen Kindern in Kontakt kamen. Also traf ich mich mit anderen Müttern, die etwa gleich alte Kinder hatten. Man ist ja auch sehr leicht isoliert mit einem kleinen Kind, und ich dachte an Geselligkeit und sich gegenseitig unterstützen. In Wirklichkeit jedoch ging es zwischen den Müttern immer nur darum, sich damit zu brüsten, wie weit das jeweilige Kind schon in allem war. Das war ein ganz furchtbarer Wettbewerb untereinander. Ich hatte bald mehr Scheu, den Müttern zu erzählen, daß mein Sohn etwas Neues kann, eine Krankheit schnell überstanden hatte, als das Gegenteil zu berichten. Trost bekam man sehr leicht, aber Anerkennung nie. Jede setzte alles daran, die anderen – und zwar alle – zu übertrumpfen. Ich verstehe das nicht. Heute halte ich mich von anderen Müttern eher fern, denn seit meine Söhne in der Schule sind, hat sich das Schlachtfeld verlagert. Nun geht es nur noch darum, welche Noten wer hat, welches Berufsziel. Fürchterlich!"

Der Wettbewerb unter Müttern hat auch Heidi, 33, zu schaffen gemacht. „Bevor meine Tochter drei Jahre alt war, ging es auf den Spielplätzen oder in den Krabbelstuben um die Fragen, welche hat das schönste Kind, welches Kind kann zuerst laufen, zuerst alleine essen, welches geht freiwillig auf den Topf. Dann, als Anna in den Kindergarten kam, ging ich wieder arbeiten. Da traf mich die Ablehnung der nicht berufstätigen Mütter ganz vehement. Da bildeten sich zwei richtige Parteien: hier die ‚Nur-Mütter' und gegenüber die Front der berufstätigen Mütter. Die Entwicklung unserer Kinder wurde genauestens unter die Lupe genommen, immer nach Fehlern gesucht, und jede Schwäche der Kinder wurde auf unsere Berufstätigkeit zurückgeführt. Eine Zeitlang fühlte ich mich bei jedem kleinen Husten meiner Tochter total schuldig, und die vorwurfsvollen Blicke der ‚Nur-Mütter' verstärkten meine Schuldgefühle noch: ‚Schickt uns das kranke Kind mit den Bazillen her, damit sie die große Karrierefrau spielen kann.' Das wurde mir gegenüber zwar nicht ausgesprochen, aber ich konnte es von ihren Gesichtern ablesen. Viele Mütter waren, denke ich, sehr neidisch darauf, daß ich arbeiten ging, die Welt auch aus einer anderen als der Kinderperspektive erlebte und trotzdem gut mit meiner Tochter zurechtkam. Aber auch das hat keine von ihnen jemals offen ausgesprochen ..."

10. Kapitel

Die Frau des Sohnes – Mythologie des Verzichts

Die Rivalität einer Mutter gegenüber der Frau, die der Sohn liebt, ist viel und immer wieder neu beschrieben worden – in der griechischen oder römischen Mythologie ebenso wie in der modernen Satire.
Von der „bösen Schwiegermutter“, die jede andere Frau schlechtmacht, die sich in die Nähe ihres geliebten Sohnes wagt, hat wohl jedermann schon gehört, und fast jede Frau fürchtet ihre Macht. Diese Frau, so kolportieren es unzählige Witze, ist wahrhaft zum *Fürchten* und arbeitet mit jedem schmutzigen Trick, *fürchtet* sie sich doch insgeheim selbst: Vor der Frau nämlich, die der Sohn – nach ihr – liebt und vor allem auch begehrt. Auf der anderen Seite steht der Sohn – inzwischen ein Mann – zerrissen zwischen seiner ersten Liebe als Kind und der neuen Liebe, die er als Mann erlebt. Er ist unweigerlich der Verlierer, sofern seine Mutter kein Einsehen hat und ihre Rivalitätsgefühle beherrscht. Tut sie das nicht, kann seine Entscheidung für die eine oder andere Verlust bedeuten. Nicht umsonst gilt das gesellschaftliche Augenmerk im besonderen dem Phänomen des sogenannten Muttersöhnchens. Diesem Phänomen liegt kein anderes Motiv zugrunde als eine umgesetzte

Rivalität der Mutter, die stark genug war, seine männlichen Ausbruchsversuche zu unterbinden, oder – der Wahrheit näher – deren Ängste und Rivalitätsgefühle jeder anderen Frau gegenüber so groß waren, daß der „liebende" Sohn in der Anpassung das kleinere Übel sah.

Eine Lösung dieses Konflikts kann immer nur von der (rivalisierenden) Mutter kommen. Loslassen zu können, auch wenn es weh tut, die zerstörerischen Rivalitäts- und Verlustängste mit der Kraft der Mutterliebe zu überwinden, nur durch diese „Opfer" kann sie den betroffenen Menschen – dem Sohn und der Frau, die er liebt – ein angemessenes (Liebes-)Leben ermöglichen.

In der Mythologie findet die Schwiegermutter in spe nach langem Ringen diesen Ausweg. Im Märchen von Amor und Psyche, das der römische Schriftsteller Apuleius in seinen „Metamorphosen" frei nach einem griechischen Original erzählt, steht Amors Mutter Venus gleich vor einer doppelten Problematik: Sie erhält Kunde, daß sie, die Göttliche, die Mutter der Natur, die Schöpferin der Elemente, jetzt Verehrung und Ansehen mit einem sterblichen Mädchen teilen soll, das so überirdisch schön ist, daß es als ihr Ebenbild angesehen wird, daß die Sterblichen in deren Heimatstadt eilen, um das „gepriesene Wunder ihres Jahrhunderts" zu schauen, während ihre eigenen Tempel leer bleiben, ihre Bildsäulen unbekränzt.

„Doch wer sie auch sei", schwört sich Venus, „sie soll sich der angemaßten Ehren nicht mehr lange freuen. Ich

will dafür sorgen, daß sie ihre aufdringliche Schönheit noch verflucht."
Um die verhaßte Rivalin um Schönheit und Anbetung aus dem Feld zu schlagen, ruft Venus zugleich ihren geflügelten Sohn, der „ungestraft die größten Schandtaten verübt und jedenfalls ein regelrechter Tunichtgut ist. Steckt er schon von Natur aus voller Übermut, so hetzt sie ihn noch mit Worten auf."

Venus bringt Amor in jene Stadt und zeigt ihm Psyche. Und dort bittet sie ihn, „bei den Banden der Mutterliebe", sie, seine Mutter, zu rächen. Zu diesem Behufe soll er dieses Mädchen mit der verzehrendsten Liebe zum niedrigsten der Menschen erfüllen.

Und tatsächlich, Venus' Plan scheint aufzugehen: Psyche, die Schöne, die Anmutige, wird zum rechten Mauerblümchen. Während ihre beiden älteren Schwestern, die von „mäßiger Schönheit" sind, längst mit königlichen Gatten glücklich verheiratet sind, wird sie zwar von jedem bestaunt und von jedem gepriesen, doch keiner begehrt sie und wirbt um ihre Hand. Weder König noch Königssohn und keiner aus dem Volk will sie zur Frau. Einsam und „krank an Leib und wundem Herzen" verweint sie ihre Tage im Elternhaus.

Der unglückliche Vater, der vermutet, irgendeine zürnende Gottheit verfolge die Tochter mit ihrem Haß, befragt daraufhin das uralte Mirakel des Gottes von Milet und bittet für die verschmähte Tochter um Hochzeit und Gemahl.
Der Orakelspruch ist verheerend. Für die schöne Toch-

ter kommt nur eine Todeshochzeit in Frage. Und da man den Befehlen des Himmels Folge leisten muß, nimmt das Schicksal seinen Lauf. Die gebrochenen Eltern zögern, die Schmach und Schande zu vollenden. Psyche selbst ist es, die sie tröstet und ihnen Mut zuspricht. Sie ist bereit, diesen Weg zu gehen, sich in das Unabänderliche zu fügen.

Hat Venus also gesiegt? Hat sie die Rivalin endgültig vernichtet?
Keineswegs. Psyche verschwindet zwar von der Bildfläche, doch wenig später muß die göttliche Venus von einer schwatzhaften Möwe erfahren, daß ihr Sohn verliebt sei, es gebe keinen „Ehebund, keine Freundschaft und keine Mutterliebe, sondern nur noch ein schamloses Miteinander und Durcheinander". Als sie dann noch herausbekommt, daß er Psyche liebt, die „Nebenbuhlerin ihres Namens und ihrer Schönheit", stellt sie den Sohn zur Rede. Es ist ja auch ungeheuerlich, daß er ihre Feindin zu ihrer Schwiegertochter machen will! „Aber da hast du dich getäuscht, du Schlingel, du Mädchenverführer, du Lümmel, wenn du glaubst, daß du als einziger Sohn dir alles erlauben kannst, weil ich zu alt bin!"

Venus giftet schlimmer als die sprichwörtliche böse Schwiegermutter der Neuzeit, und sie scheut sich auch nicht, das gesamte Göttergeschlecht vor ihren Rachekarren zu spannen. Sie wäre sogar bereit, sich der Unterstützung ihrer alten Feindin Nüchternheit zu versichern, um den Sohn an die Kandare zu legen.
Den meisten Göttinnen ist Venus' Verlangen zwar su-

spekt, doch sie helfen der verzweifelten Psyche zumindest nicht, wenn sie sich auch um die harte Bestrafung herumdrücken. – So weit geht die weibliche Loyalität immerhin.
Nachdem Venus die Schwiegertochter endlich aufgespürt hat, legt sie ihr die schwersten Prüfungen auf und verhöhnt die „brave Schwiegertochter". Denn „eine nicht standesgemäße Ehe, irgendwo auf dem Land ohne Zeugen und ohne Zustimmung des Vaters geschlossen, ist nicht rechtskräftig; so wird höchstens ein Bankert geboren, wenn ich es überhaupt so weit kommen lassen sollte!" warnt sie die Sterbliche.

Sicherlich hätte die Fehde zwischen diesen beiden Frauen ein böses Ende genommen, hätte Amor-Cupido sich nicht schlußendlich dem Göttervater Jupiter anvertraut und der ein Machtwort gesprochen. Er veranlaßt eine „dem bürgerlichen Recht entsprechende gesetzliche" Eheschließung und nimmt seiner Schwiegertochter Venus damit den Wind aus den Segeln.

Venus fügt sich in die Schwiegermutterrolle – hat auch eigentlich keine andere Wahl – und tanzt beim prächtigen Hochzeitsmahl bezaubernd im Takt der anmutigen Weisen. Ende gut, alles gut? In diesem Falle – ja. Obwohl man wohl davon ausgehen muß, daß die göttliche Schwiegermutter sich mit der inzwischen ebenfalls göttlichen Schwiegertochter nur zähneknirschend abgefunden hat – und es der Schwiegertochter wohl ebenso erging. Dieses Zähneknirschen begleitet auch so manche irdische Schwiegermutter-Schwiegertochter-Beziehung.

Die meisten Mütter empfinden die Loslösung des Sohnes aus dem Elternhaus als schmerzlichen Einschnitt in ihr Frauenleben. Es schmerzt sie, daß da plötzlich eine andere ist, die ihn „wegholt".

„Ich habe immer gewußt, daß er eines Tages gehen würde. Aber es war so früh und nur wegen der anderen Frau. Viel zu früh", sagt Johanna, 52, über den Auszug ihres Sohnes. „Ich mag sie nicht. Sie will gleich alles auf einmal, stellt viel zu viele Ansprüche an ihn, und er ist doch noch so jung – er sollte erst mal sein Leben genießen."

Die richtige Schwiegertochter?

„Besser gefallen würde mir eine junge Frau, die etwas ruhiger ist, gewissenhaft und ihre eigene Ausbildung absolviert. Mit der Freundin meines Sohnes kann ich nicht umgehen. Sie kam schon beim ersten Besuch ganz schnippisch herein, und nach einer kurzen Begrüßung saßen die beiden viele Stunden in seinem Zimmer. Da fühlte ich mich wie ausgestoßen in meinem eigenen Haus. Ich war trotzdem freundlich, schon meinem Sohn zuliebe. Natürlich hätte ich ihn gern noch bei mir gehabt. Es ist so still im Haus, seit seinem Auszug. Mein Mann kommt ja nur am Wochenende. Sie war es natürlich, die ihn zu dem schnellen Auszug überredet hat. Sie hatte ja schon eine eigene Wohnung, und auf mich hat er nicht gehört. Leider."

Barbara, 56, begegnete der Schwiegertochter zwar ohne Vorbehalte, fühlt sich aber heute dennoch enttäuscht.
„Meine Schwiegertochter mochte ich zu Anfang sehr gerne. Sie war sehr hübsch, sehr gut erzogen und immer freundlich, wenn sie bei uns zu Gast war. Ich hatte keine Schwierigkeiten damit, daß ich meinen Sohn an sie verlor. Das ist nun einmal der Lauf der Dinge", erzählt sie. „Heute aber macht mir diese Frau ziemliche Schwierigkeiten. Sie kämpft mit mir um alles. Meine Enkelinnen darf ich nur sehen, wenn sie es gnädigst gestattet, und ich habe das Gefühl, es paßt ihr gar nicht, daß die beiden Mädchen sich bei mir wohl fühlen. Dann heißt es, ich darf ihnen das nicht geben, dies nicht erzählen, kein Fernsehen, keine schlimmen Bücher, nichts Süßes ... Sie besteht auch darauf, daß es meinem Sohn gesundheitlich viel besserginge, seit er mit ihr lebt und bei ihr ißt. Das ist eine Anspielung darauf, daß ich nicht gesund genug koche. So ein Unsinn. Es hat ihm immer geschmeckt. Ich habe das Gefühl, sie will ihn ganz für sich alleine haben und sieht es nicht gern, wenn er aufmerksam zu mir ist."

Diese traurige Erfahrung hat auch Gundula, 59, gemacht: „Mein Sohn wirft mir immer vor, ich würde gegen seine Freundin rivalisieren beziehungsweise sie bevormunden. Das stimmt nicht. Fünfundzwanzig Jahre lebten wir zusammen, und dann kam diese Frau daher, und er redet nur noch nach ihrem Mund. Sie hetzt ihn auf, fordert ihn sogar auf, sich zu entscheiden zwischen mir und ihr – als ob sich ein Kind gegen seine Mutter entscheiden könnte! Und mein Sohn zieht noch mit: ‚Mutter das verstehst du nicht.‘ Plötzlich bin ich für ihn nur noch eine alte Frau, die nichts vom Leben und der Welt versteht. Und wer hat ihn ins Leben gesetzt? Wer hat ihn sicher ein Vierteljahrhundert durch diese Welt geleitet?“

Wie stellen Sie sich die ideale Schwiegertochter vor?

„Eine gute Frau für meinen Sohn wäre eine, die seinen Eltern eine gewisse Achtung entgegenbringt. Das sollte schon sein.“

Cordula, 50, entlockt das Bild von der sprichwörtlichen bösen Schwiegermutter ein lautes Lachen. Doch so ganz unproblematisch sieht sie die Beziehung zur Frau ihres Sohnes ebenfalls nicht.
„Ich hoffe, ich bin keine böse Schwiegermutter. Aber ich habe auch einiges schlucken müssen. Meine Schwiegertochter ist eine, wie soll ich sagen, recht eigenwillige Person. Das betrifft ihre Lebensführung und somit auch die meines Sohnes und auch die Erziehung meines Enkelsohnes. Alles darf nur aus natürlichen Produkten sein.
Die drei leben weit weg von der Stadt in einem beinahe verfallenen Haus. Und sie schminkt sich nicht und macht so gar nichts aus ihrem Äußeren.
Manchmal habe ich mich fast geschämt, wenn sie hier

war und Bekannte zu Besuch kamen. Aber einmischen will ich mich nicht. Das gäbe nur böses Blut, und die Leidtragenden wären mein Sohn und der Enkel. Dennoch – ich hätte meinem Sohn eine andere Frau gewünscht...“

11. Kapitel

Weibliche Rivalität und Gesellschaft

„Das Alter wird erlösend sein"

Eines schönen Septembertages spazierte ich mit meinem Liebsten am Fluß entlang. Es war kühl, aber sonnig, und wir waren verliebt und fühlten uns rundum wohl. So manch männlicher Blick streifte mich freundlich und ließ meinen Begleiter stolz lächeln. Die Welt war schön.

Später saßen wir auf der Dachterrasse des kleinen Ausflugslokals bei Kaffee und Kuchen.

Stilles Glück.

Das Leben war herrlich, bis – sie kam.

Keine bestimmte, gewiß nicht, aber weiblich. Das allein genügte, um mich in Kampfesstimmung zu bringen, mich augenblicklich eine Verteidigungshaltung einnehmen zu lassen.

Vorsicht, hier ist mein Revier.

Gehetzten Blicks taxierte ich sie in Sekundenschnelle: Sie ist jünger, aber dicker, ihre Haare sind länger, aber farbloser, ihre Aufmachung indes ist um ein Vielfaches gewagter, man könnte auch unpassend sagen – aber sie fällt auf. Eins zu null für sie.

Das stille Glück ist wilder Panik gewichen, als ich sehe, wie der Blick meines Dauergeliebten von mir abschwenkt, um interessiert und viel zu lange auf ihr zu ruhen.

Tief Luft holen, rede ich mir beschwörend zu, und lächeln.
Es mißlingt.
Rache, beschließe ich mit bitter klopfendem Herzen, als ich sehe, daß sein Blick noch immer auf ihrem viel zu kurzen Jeans-Mini haftet.
Na warte. Ich suche mir blitzschnell den Vertreter der Gattung Mann aus, der über das vollste Haupthaar verfügt. Sehr gut. Auch noch dunkel, und blaue Augen hat er auch! Und besonders wichtig: Er sieht nicht in *ihre* Richtung.
Flirtschule erste Lektion: geheimnisvoller Blick in seine Augen, verlegenes scheues Lächeln.
Es wirkt. Er erwidert den Blick voller Interesse. Die Zeit steht still.
„Daß ausgerechnet immer die Miniröcke tragen, die es sich absolut nicht leisten können", murmelt da mein ewiger Freund, und, „komm, laß uns gehen!"
Aber ja doch, gewiß. Triumphierend erhebe ich mich und werfe einen herablassenden ironisch-kalten Blick voll auf die fülligen Beine der eben noch Gefürchteten.
Der Sieg ist mein.
Mit neuem Stolz stiefele ich in meiner bequemen Jeans neben meinem Begleiter weiter. Das Leben ist herrlich – oder sagte ich das schon?
Ein Paar blauer Männeraugen blickt mir fassungslos nach...

Warum diese Vergleichsängste – das habe ich mich schon oft gefragt. Schuld ist – natürlich – meine Kindheit, schuld ist meine Mutter oder besser: mein Vater. Der nämlich verließ uns, als ich zarte drei Jahre alt war. Und er ging wegen einer anderen. Ich begriff damals nicht, wieso und warum und weshalb. Aber ich registrierte doch, da war eine andere Frau, eine, die sehr hübsch war und jünger als meine Mutter. Und die nahm mir meinen Papa weg, und meine Mama weinte und weinte und sagte am Telefon ständig zu irgendwelchen Menschen: ‚Gegen die hab' ich doch keine Chance, bei der Jugend, bei der Figur, bei der Raffinesse.'
Und Klein-Annette speicherte wissensdurstig: Eine jüngere, schönere, schlankere, wohlgeformtere Frau ist eine schlimme Gefahr.

Und mit diesem Wissen erlebte ich die folgenden Mädchenjahre und meine Jugendzeit. Vorsicht vor allen Frauen, die mit diesen Vorteilen gesegnet waren!
Meine Schulbildung war nebensächlich, schön mußte ich sein. Das war mir klargeworden nach der Erfahrung, die meine Mutter gemacht hatte. Sie war sehr schnell eine verbitterte alte Frau geworden, während die andere schöner und schöner wurde – ein strahlender Engel, so erschien sie mir, wenn sie sich zu mir herunterbeugte bei jenen seltenen Besuchen bei meinem Vater.
Und danach kam dann die Heimkehr ins Haus des gequälten Aschenputtels – verdrängt und vergessen, alt und abgezehrt. Mit klagendem Blick fragte sie jedesmal: ‚War es schön? Was hatte sie an? Was hat sie gesagt? Wie benimmt sich dein Vater ihr gegenüber?'

Keine Frage, wie es mir ging oder meinem Vater. Nur sie war interessant: Sie, die Rivalin.
Und heimlich, äußerst heimlich, erhob ich sie zu meinem Vorbild und Idol. So wie sie wollte ich sein: schön, elegant, selbstsicher.
Und ich las alle Modezeitungen, die ich nur ergattern konnte, legte mich in Eiswasser, weil ich gehört hatte, daß so Bauch und Beinumfang zurückgehen würden – und starb beinahe an einer Lungenentzündung.

Schönheit um jeden Preis – das war meine (Lebens-) Devise. Wobei sich Schönheit nach der jeweiligen Rivalin – oder der, die ich dafür hielt – definierte. War die ehemalige Freundin eines Begleiters eine Langbeinige gewesen, galten mein ungeteiltes Interesse und meine Aufmerksamkeit nur noch meinen Beinen. Blickte ein Freund zu lange auf eine Titelschönheit mit großen blauen Augen, verbrachte ich die nächsten Wochen vor dem Vergrößerungsspiegel und tuschte mit Inbrunst so lange Wimpern, bis mein überkritischer Blick mir bestätigte, daß meine Augen nun auf jeden Fall ausdrucksvoller waren als die der Papierrivalin.
Natürlich fiel mir mein absonderliches Verhalten irgendwann selbst einmal auf. Dazu bedurfte es gar nicht der vielen Bemerkungen besorgter Freunde, die eifrig bemüht waren, mir zu versichern, es käme ihnen nur auf mich an, und sie gäben ohnehin nichts auf bloße Schönheit, und die dann doch den Blick nicht abwenden konnten von diesen namenlosen Schönheiten, die in großer Zahl durch unsere Straßen schlendern.

Nein, mir konnte keiner was vormachen. Und irgendeine erst recht nicht. Auf dem Markt der weiblichen Eitelkeiten herrschen gnadenlose, aber einfache Regeln: Die Schönste kriegt alles, die Häßliche nichts. Das gilt für den besseren Job, den wohlhabenderen Mann, die ungeteilte Aufmerksamkeit in der Straßenbahn oder auf der Party, und diese Lektion beginnt im Alter von einem Jahr und endet – niemals.

Wie sonst gelänge es wohl den Schönheitschirurgen, ihre Milliardenumsätze jedes Jahr noch weiter zu steigern? Natürlich, man/frau müßte sich einfach weigern, sich diesem Wettkampf zu stellen. Man müßte aussteigen aus diesem wahnwitzigen Karussell, in dem es heißt: Sei schön, schöner, am schönsten! Man müßte Werte setzen, wo leeres und sinnloses Tun unseren Zeitplan beherrscht. Man müßte Fragen wie: „Welche Creme strafft besser, welcher Chirurg schneidet knapper, welche Strümpfe kaschieren stärker?" einfach negieren.

Dann bliebe natürlich auch die Flucht zu denen, die da provokativ ungeschminkt in selbstgefärbten unvorteilhaften Latzhosen umherschlurfen, die auf die Männer und sowieso alles pfeifen und sich selbst genug sind. Das sieht dann aber meistens so aus, daß der Kampf ums angenehmste schönste Äußere einfach durch einen anderen ersetzt wird. Rivalisiert wird in diesen Kreisen nämlich genauso. Nur geht's da um die meisten Abbrüche, die coolste und entschiedenste Haltung den Männern gegenüber: ‚Ich habe Lars klargemacht, daß Verhütung nicht meine Sache ist ...' – ‚Lothar hat begriffen, daß es in erster Linie um meine Befriedigung geht ...'

Hier kämpft man/frau um den alternativen Erfolg: ,Wir haben gar keinen Abfall mehr'; ,ich stricke alles nur mit Naturgarn'; ,meine Tochter hat nur Holzspielzeug'.
Doch wo auch immer oder wie auch immer: Frauen rivalisieren.
Warum das so ist?
Keine Ahnung. Ich habe mich inzwischen daran gewöhnt. Wahrscheinlich ist das der falsche Weg, aber auf jeden Fall der bequemste. Oder vielleicht auch gerade nicht, denn immerhin bin ich Stunde um Stunde damit beschäftigt, im Rennen zu bleiben.

Noch bin ich erst achtundzwanzig. Aber was ist mit fünfunddreißig? Alles vorbei? Gnadenloses Abstellgleis. Vielleicht noch ein paar teuer erkaufte Jahre durch das Skalpell. Das Glück gehört den Jungen und Schönen. Und zum Teil, aber nur zum Teil, noch ein paar wenigen, die es schaffen, den Mangel an Jugendlichkeit oder Schönheit durch genügend Geld, Erfolg oder Berühmtheit zu ersetzen. Doch immer nur mangelhaft.
Ja, es ist ein bitteres Los. Manchmal möchte ich mich schon gerne zurücklehnen und mich daran freuen, einfach ich selbst zu sein, ohne gleich in Vergleichs- und Verlustängste zu verfallen. Ich möchte mich am Anblick einer schönen Frau freuen – einfach der Ästhetik wegen. Und ich möchte einmal in der Lage sein, nicht gleich alle Borsten auszufahren und im Schnelldurchlauf nach Mängeln zu forschen.

Ich glaube nicht, daß die weibliche Rivalität den Männern allein in die Schuhe zu schieben ist. Gäbe es einen Planeten voller Frauen, würden auch sie miteinander in

Wettbewerb treten. Bestimmt. Das sieht man doch bei den lesbischen Frauen. Da passiert genau das gleiche. Neid, Eifersucht und Konkurrenzkampf sind dort an der Tagesordnung. Ich weiß das, ich habe vier Jahre lang in einer Lesben-Wohngemeinschaft gelebt.
Männer habe ich gar nicht so als treibende Kraft empfunden. Welcher Mann verläßt denn schon seine Frau, nur weil eine Schönere des Weges kommt? Ich weiß heute auch, daß es natürlich noch tausend andere Gründe für das Weggehen meines Vaters gab. Meine Mutter war damals schon stark depressiv gewesen, man konnte ihr nichts recht machen, und sie ließ sich völlig gehen, verließ kaum das Haus. Da muß eine Frohnatur wie seine zweite Frau ja wie die Erlösung pur gewirkt haben.
Meiner Meinung nach stimmt einfach etwas nicht im weiblichen Selbstverständnis und Denken. Ich sehe doch auch täglich Männer, die besser aussehen, mehr verdienen oder sportlicher sind als mein jetziger Partner, und doch käme ich nie auf die Idee, ihn deshalb eintauschen zu wollen. Aber viel wichtiger ist: *Er* selbst käme ebenfalls nie auf diese Idee. Kein Gedanke! Er ist er, und das muß genügen. Dabei weiß er durchaus um seine Schwächen. An manchen will er noch arbeiten, andere hat er angenommen.
Ich dagegen: ewig im Kampf und Krampf, allüberall die Schönste, Klügste und Beste zu sein. Kräftig unterstützt von den Medien und vor allem von meinen Geschlechtsgenossinnen. Auf allen Wegen treffe ich auf taxierende Blicke aus Frauenaugen.

Manchmal denke ich, das Alter muß eine Erlösung sein. Aus dem Rennen, sicher, aber aus einem sinnlosen Rennen, das nur Verlierer starten läßt, während die Sieger längst feststehen...

Der Neid auf jede Jüngere

Ich wollte nie eine von diesen älteren Frauen werden, die das Alter nicht ertragen. Meine Mutter war so jemand gewesen. Von morgens bis abends war sie damit beschäftigt, ihr Alter zu vertuschen. Das Badezimmer für unsere fünfköpfige Familie war eigentlich einzig ihr Refugium. Unzählige Flaschen und Töpfe mit immer teureren Lotionen, Wässerchen und Cremes. Und der Inhalt ihres Kleiderschrankes wurde jünger und ausgefallener, je älter sie selbst wurde.

Ich habe mich manchmal für sie geschämt. Sie hat sich auch nicht gern mit mir gezeigt – ich war die älteste Tochter und gab damit einen deutlichen Hinweis auf ihr Alter. Sie nötigte jeden Besucher und Bekannten zu der Äußerung: „Ihr seht aus wie Schwestern", indem sie mich mit den Worten vorstellte: „Nicht wahr, das hättest du nicht geglaubt, daß ich schon eine so große Tochter habe."

Ich glaube, sie nahm es mir übel, daß ich so früh geboren war, so paradox das auch klingt.

So wollte ich nicht werden.

Niemals.

Und heute bin ich sechsundvierzig. Ich habe einen Mann, der mich liebt, und zwei Söhne, auf die ich stolz bin. Ich arbeite halbtags in einer Buchhandlung – eine Arbeit, die mir ausgesprochen gut gefällt. Und ich bin mit meinem Leben zufrieden.

Aber mein Badezimmer ähnelt immer mehr dem meiner Mutter, wie ich erschrocken feststellte.

Ich stürze mich gierig auf alle Cremes und Gels, die das Wunder der Fältchenreduzierung versprechen. Ich habe mir vor einem Jahr, also mit fünfundvierzig, den ersten Minirock meines Lebens gekauft und ihn auch getragen. Ich habe mir ausgerechnet, daß ich mir nächstes Jahr, wenn alles klappt, eine Brustkorrektur bei einem plastischen Chirurgen leisten kann.

Es fällt mir schwer, darüber zu sprechen, ich finde mich ja selbst lächerlich, doch ich kann nicht anders.

Ich hasse meinen Körper, ganz besonders aber meine erschlafften Brüste. Ich weiß schon, sie sind Zeichen meiner Mutterschaft, und ich sollte stolz auf sie sein und sie so wie sie sind zu Markte tragen. Stutzig macht mich nur, daß solche Ratschläge meist von denen kommen, die selbst knackige Brüste besitzen. Das ist einfach realitätsfremd, eine Illusion. Ich fühle mich nicht wohl mit diesen Brüsten.

Ich hasse es, mich beim Umziehen in der Schwimmhalle erst ganz ausziehen zu müssen. Meist trage ich den Badeanzug schon unter den Kleidern, und danach gehe ich – als einzige aus unserem Verein – in eine Einzelkabine.

Aber so kann es doch nicht noch dreißig Jahre lang weitergehen. Ich färbe natürlich meine grauen Haare weg, und ich habe in den letzten zwei Jahren einige sexuelle Hemmschwellen übersprungen, denn ich hatte das Gefühl, meinem Mann gegenüber etwas ausgleichen zu müssen. Es ist so peinlich, aber ich denke, wenn ich ihm schon keine Jugendlichkeit und keinen knackigen Körper mehr bieten kann, dann muß ich das wenigstens anderweitig wettmachen.

Gute Freundinnen haben Barbara wegen dieser Einstellung schon häufig empört kritisiert und erbittert argumentiert.

Natürlich ist es eigentlich Unsinn. Mein Mann bietet mir ja auch nichts. Er ist sogar sechs Jahre älter als ich. Aber was hilft mir dieses Wissen in der Theorie? Die Wirklichkeit ist viel härter. Ihm hat das Alter lange nicht so zugesetzt wie mir. Er hatte ja auch keine Schwangerschaften, und er könnte jederzeit eine Jüngere finden. Und denen schaut er auch ständig nach. Haben Sie mal einen Mann erlebt, der einer gleichaltrigen oder älteren Frau bewundernd nachsieht? Na, also!

Barbara tut sich schwer mit dem Älterwerden. Sie fühlt sich von den jüngeren Frauen bedroht. Kein Wunder. In einer Gesellschaft, in der Jugend höchste Tugend ist und Jugendlichkeit eine Grundvoraussetzung, ist das Alter ein Tabu.

Ich habe noch keine Frau aus meinem Bekanntenkreis erlebt, die zugegeben hätte, daß sie unter ihren Falten leidet. Darunter, daß sie nicht mehr so begehrt ist wie früher. Das wird einfach totgeschwiegen.

Ist es Sinn eines Frauenlebens, begehrt zu sein?

Ist es nicht so? Ich fand es schön, umworben zu werden. Früher, meine ich. Ich genoß es, daß mir anerkennende Männerblicke folgten. Belästigt wurde ich eigentlich nie. Nur bewundert, und was ist daran schlimm?
Ich würde allerdings nicht sagen, daß es der einzige Sinn in meinem Leben war – oder im Leben einer Frau sein sollte. Aber es macht doch einiges erträglicher. Das Leben wäre ja todlangweilig ohne dieses Naturspiel: Mann erobert Frau. Eine der Spielregeln lautet jedoch leider: Frau muß schön sein. Nein, das ist falsch. Richtig lautet sie: Frau muß jung sein.

Empfinden Sie alle jüngeren Frauen als Rivalin?

„Eine jüngere Frau ist eine Gefahr für mich. Natürlich. Sie hat mir etwas voraus, das ich niemals einholen kann: Jugend. Ich bin sicher, daß mich die meisten Menschen für solche Sätze am liebsten ins Irrenhaus einweisen lassen würden, aber das ist die Realität. Weshalb sonst machen sich die Frauen ab einem bestimmten Alter halbverrückt wegen ihres Aussehens? Da steckt doch in jeder die Angst: Eine Jüngere könnte meinen Platz einnehmen – ob nun beim Ehemann oder im Beruf. Diese Gesellschaft ist doch so sehr auf Jugend und glatte Oberfläche programmiert, daß sich jüngere Frauen skrupellos alles herausnehmen können. Da wird mal eben der Familienvater vernascht und nachher wieder abgelegt, bloß weil man so etwas ja mal erleben muß. Und denen ist es völlig gleich, ob da eine langjährige Ehe kaputtgeht oder das Selbstbewußtsein der anderen

Frau zerbricht, ob Kinder verunsichert werden. Den Jungen gehört die Welt und den Älteren das, was sie übriglassen. Oder zurück."

Barbara ist verbittert. Trotzdem kämpft sie Tag für Tag den aussichtslosen Kampf ums „Noch-dazu-Gehören". Warum?

„Was bleibt mir denn sonst? Für mich allein wäre mein Alter und meine schwindende Attraktivität überhaupt kein Problem, das kann ich Ihnen sagen. Ich habe sehr viel Sehnsucht danach, mich einfach einmal zurückzulehnen, mich den Teufel zu scheren um mein Aussehen, in bequemen Klamotten ungeschminkt durch die Gegend zu laufen, und zwar dahin, wo es *mir* paßt. Und das am liebsten mit meinem Mann. Ich habe doch während der letzten fünfundzwanzig Jahre wirklich hart gearbeitet, zwei Kinder großgezogen, das Haus in Schuß gehalten, daneben gearbeitet und eine Ehe lebendig gehalten. Mir steht der Sinn verdammt nach Ruhe. Aber ich bin keine Insel, und die Menschen um mich herum fordern meine Präsenz – und zwar so jugendlich wie eben möglich. Und das ist im Beruf nicht anders als im Freundeskreis, auf der Straße oder im Ehebett."

Verstehen Sie heute Ihre Mutter?

„Ja, wenigstens das hat mir das Alter gebracht."

Als ich Barbara verließ, war ich zunächst betroffen, dann wütend, dann wieder betroffen, dann wieder wütend. Natürlich ist es grausam, wenn „ältere" Frauen

aufs Abstellgleis gedrängt werden, natürlich ist es bitter, wenn sich der Ehemann nach einer Jüngeren umsieht. Natürlich herrscht ein allgegenwärtiger Konkurrenzkampf, und gerade im Berufsleben gilt: Am besten ewig zwanzig und eine dreißigjährige Erfahrung.
Ich weiß das. Noch bin ich eine der Glücklichen, eine von denen, „denen" – laut Barbara – „die Welt gehört". Ich bin sechsundzwanzig. Ältere Frauen müßten nach ihrer Auffassung also kein Problem sein für mich. Selbstbewußt könnte ich über sie hinwegsehen, da sie ja nie und nimmer eine Gefahr für mich darstellen können, habe ich ihnen doch voraus, was ich eigentlich weniger habe: Jahre.
Aber es ist ganz und gar nicht so. Und immer mehr verdrängt die Wut meine Betroffenheit. Ich habe viele Frauen bewundert, die doppelt so alt waren wie ich. Ich habe sie als Idol gesehen, sie als Orientierung begriffen. Ich erhoffte Freundschaft und erhielt – sehr oft – brüske Ablehnung. Daß meine Jugend uns trennte, war mir irgendwann einmal klargeworden. Aber das ging nicht von mir aus. Ich fand es immer spannend, mit Menschen unterschiedlichsten Alters und unterschiedlichster Herkunft zu leben. Und ich habe heute keinerlei Rivalitätsgefühle, wenn ich beispielsweise Sechzehn- oder Achtzehnjährige um mich herum habe. Im Gegenteil. Ich freue mich an ihrer Unbekümmertheit, erinnere mich an meine eigene Teenagerzeit, trauere ihr jedoch weder nach, noch sehe ich in diesen Mädchen potentielle Gegnerinnen.
Ich finde, viele „ältere" Frauen machen es sich ganz schön leicht. Sie übernehmen klaglos das Wertesystem einiger oberflächlicher Männer, das da lautet: Ab drei-

ßig auf die Müllhalde. Oder: Wer über achtzehn ist, muß schon verdammt gut sein, damit es für eine zweite Nacht reicht... Solche dummen Sprüche gibt es, aber die haben wir doch alle längst durchschaut und ohnehin nie ernst genommen.

Warum also so viel Mißtrauen und Ablehnung von alt zu jung?
Weil man immer einen Sündenbock braucht, weil's bequemer ist, seine Ängste in Haß zu kompensieren, statt zu lernen, mit ihnen umzugehen.

Mittlerweile wird mir manchmal auch schon angst und bange, wenn ich an das kommende Jahrzehnt denke. Aber nicht, weil ich fürchte, dann nicht mehr begehrt zu werden oder vielleicht nicht genug Geld für zwingend notwendige Schönheitsoperationen zusammenzukriegen. Ich habe nur vor einem Angst – davor, eine von diesen verbitterten feindseligen Frauen zu werden, die jede Jüngere am liebsten massakrieren würden.

„Keine Chance", erklärte mein ständiger Begleiter lachend, als er die letzten Zeilen las, „ich finde reife Frauen sehr viel interessanter."
Aha! Sein Trost ist mir eine ernste Warnung.

Ab heute werde ich nichts unversucht lassen, um so reif wie möglich zu wirken.

Ich werde in die nächste Parfümerie rasen und einer sicherlich fassungslosen Verkäuferin klarmachen, daß ich eine Creme brauche, die Falten verstärkt, ganz gleich, wie hoch der Preis auch sein mag. Ich werde meine Großmutter nach abgelegten Kleidungsstücken fragen und jede, absolut jede Frau ab vierzig mit giftig tödlichen Blicken verfolgen.

O ja, nehmt euch in acht...!

12. Kapitel

Rivalität und Freundschaft – Frauenleben in anderen Ländern

Andere Länder – andere Sitten

„Weibliche Rivalität? Die gibt es doch nur, weil die Frauen hierzulande zuviel Zeit haben", sagte ein befragter Mann bestimmt. Und eine Freundin aus der Türkei bestätigte mir immerhin, daß das Verhältnis der Frauen untereinander in ihrem Heimatland, trotz aller Not und Unterdrückung, sehr viel freundschaftlicher sei als hier bei uns im Wohlstandsland.
Nun fällt mir dabei natürlich sofort die Interpretation einer Psychologin ein, die lautete: „Kein Wunder, daß die Frauen angesichts sozialer Probleme zusammenhalten, sogenannte Opfergemeinschaften funktionieren immer ganz prima. Aber von Freundschaft kann da wohl keine Rede sein."

Ich hörte mich um. Sprach mit Frauen aus Griechenland, mit einer aus Südafrika, einer aus der Türkei und las über Frauenleben im Jemen.

Antigone, eine dreißigjährige Griechin, lebt seit fünf Jahren in Deutschland. Nicht immer gern, wie sie zugibt, aber die Liebe zu ihrem deutschen Ehemann hält sie auch weiterhin hier, solange sich die wirtschaftliche Situation in ihrer Heimat nicht verbessert hat auf jeden Fall. Vermissen tut sie einiges, wie sie sagt, vor allen Dingen aber die Gemeinschaft der Frauen.

„Hier ist doch jede Frau der anderen spinnefeind." Das liegt, wie Antigone meint, jedoch gewiß nicht daran, daß sie Ausländerin ist. Sie hat noch nie Probleme wegen ihrer Herkunft gehabt. Griechen hätten da wohl ohnehin einen Sonderbonus im Wirtschaftswunderland, vielleicht wegen des guten Essens, das sie ja mitimportieren würden. Über diese Theorie muß sie selber lachen. „Nein", sagt sie, „es ist auch so, daß selbst das Verhältnis unter griechischen Frauen hier anders ist. Anders, das heißt berechnender. Wir gelten als sehr gastfreundlich, und das sind wir auch. Nachbarschaftshilfe wird in Griechenland groß geschrieben. Einer für den anderen, heißt es. Das ist so üblich. Und das gilt auch für die Frauen untereinander. Eine hütet die Kinder der anderen, hilft bei Schwierigkeiten, tröstet... Das ist in Griechenland viel selbstverständlicher als hier. Ich habe Probleme gehabt, mich umzustellen, wurde am Anfang viel ausgenutzt, weil ich gerne geholfen habe, wann immer es ging; zurückbekommen habe ich allerdings kaum etwas. Auch keine richtige Freundschaft. Es gibt hier eher Interessengemeinschaften unter den Frauen. Mütter unterstützen sich in der Kindererziehung und Pflege, aber nur, weil so jede etwas davon hat. Es treffen sich auch andere Gleichgesinnte, doch immer nur, wenn sie einander brauchen, wenn, siehe oben, jeder/jede profitiert. Ich finde auch das Verhältnis zwischen alten und jungen Frauen hier sehr kalt. In Griechenland erfahren die Alten Achtung. Sie werden als wissend und lebenserfahren bewundert. Sie werden häufig um Rat gefragt und sind auch weit mehr in den Familien integriert. Natürlich wird auch in Griechenland eine Frau zur Furie, wenn eine andere kommt und ihr den Mann ausspannen will. Aber das ist ja auch etwas anderes. Das ist dann ein berechtigter Streit oder eine verständliche Eifersucht – eben eine begründete Rivalität. Hier geschieht das oft grundlos. Ich spüre häufig, wie abschätzig Frauen mich betrachten. Vielleicht weil ich ziemlich hübsch bin und ein bißchen fremd aussehe. Oder wegen meiner sehr langen schwarzen Haare. Ich weiß es nicht. Das Gefühl, spontan und freundschaftlich auf eine andere Frau zugehen zu können, wie ich das in Griechenland gewohnt war, habe ich in den letzten Jahren hier verloren. Ich warte jetzt auch ab, und ich ertappe mich dabei, daß ich überlege, ob wohl etwas anderes dahintersteckt, wenn eine Frau sehr freundlich zu mir ist. Es herrscht viel Falschheit unter den Frauen hier, und man hat kaum eine Chance, dabei freundlich und ehrlich zu bleiben, weil man dann ganz schnell ausgenutzt wird. Ich sehne mich sehr nach mehr weiblicher Freundschaft. Es gibt so vieles, was nur Frauen verstehen und untereinander bereden können."

Bessie, geboren in Natal, Südafrika, ist heute fünfundvierzig und lebt seit mehr als zehn Jahren in Deutschland. Ihr Mann, ebenfalls ein Schwarzer, träumt von

der Rückkehr nach Afrika. Sie selbst will lieber hier bleiben, aber eigentlich mehr wegen ihrer vier Söhne, denen sie in Deutschland bessere Zukunftschancen einräumt. Das Verhältnis von Frauen zu Frauen und den Konkurrenzkampf unter Frauen – ob nun in ihrer Heimat oder bei uns – sieht sie sehr differenziert:
„Das kann man nicht vergleichen. Die schwarzen Frauen in Südafrika halten immer schon deshalb auf jeden Fall zusammen, weil sie einer verfolgten Rasse angehören, eben den Schwarzen, und Rivalität gibt es natürlich immer zwischen Weiß und Schwarz. Das ist hier ganz anders. Hier findet man diese Reibungspunkte allenfalls zwischen den verschiedenen Gesellschaftsschichten. Also vielleicht die Karrierefrau gegen die fünffache Mutter auf dem Land – aber die wissen ja kaum etwas voneinander. Es spielt auch eine große Rolle, ob man das Leben der Frauen in den Städten vergleicht oder das der Frauen auf dem Land. Das Leben der Frauen, zum Beispiel in Johannesburg, ist mit dem hier in Frankfurt schon eher vergleichbar. Es geht dort wie hier darum, mit so vielen Statussymbolen wie möglich aufzuwarten. Bei den Männern sind das Erfolg, Macht, ein Markenauto, eine schöne Frau. Bei den Frauen sind es Schönheit, gutes Auftreten, Charme, die ihnen gesellschaftliches Ansehen verschaffen. Ich verstehe das als eine Rolle, die man in bestimmten Situationen zu erfüllen und zu spielen hat. Gut finde ich das nicht unbedingt, aber so ist unsere Zeit. Man muß sich den Gegebenheiten anpassen oder sich ganz zurückziehen. Was ich allerdings hier in Deutschland auffällig finde, ist, daß die meisten Frauen das nicht trennen. Ich meine beispielsweise ihre Rolle als engagierte Frau im

Berufsleben von ihrem sonstigen Leben und ihrem Bild als Frau. Wenn ihnen das besser gelänge, wäre das Verhältnis zwischen den Frauen hier auch weniger angespannt. Die deutschen Frauen identifizieren sich zu sehr mit ihrer Rolle als Karrierefrau, Mutter oder was auch immer ... Ich habe oft das Gefühl, daß sie für sich selbst nur immer das sind, was die anderen in ihnen sehen. Das finde ich schade, und mir wäre das auch viel zuwenig. Ich habe ein ziemlich ausgeprägtes und sehr komplexes Bild von mir selbst. Ich bin einiges außerhalb meiner Bestimmung als Mutter, Ehefrau und Lehrerin. Auch dafür brauche ich häufigen Kontakt mit anderen Frauen.

Frau-Sein kann man meiner Meinung nach nur lebendig erhalten unter anderen Frauen. Sonst verliert man sich in all diesen Rollen. In Südafrika gibt es dieses Frauenleben außerhalb der gesellschaftlichen Vorgaben mehr als hier. Die Frauen sitzen nicht jeden Abend mit ihren Männern vor dem Fernseher, wie es hier in ihren Kleinfamilien so häufig der Fall ist. Das Leben bei uns ist mehr nach außen ausgerichtet. Männer haben ihren Zeitvertreib miteinander und Frauen auch. Das macht vieles einfacher. Mir gefällt auch das Eheleben der meisten Deutschen nicht. Es ist verdächtig gleich und wenig individuell. Ich verbringe mit meinem Ehemann manchmal nur einen Abend in der Woche, doch der ist dann interessant und schön. Mein Mann ist nicht mein Leben, und ein gutes Gespräch mit einer Frau, die mich versteht, kann mich sehr viel weiter bringen als das Zusammensein mit meinem Mann."

Gülseren, 27, lebt seit einem Jahr in der Bundesrepublik und hat, so sagt sie gleich zu Beginn des Gesprächs, „einen Kälteschock“ erlitten.
„Nicht nur wegen des Wetters. Das menschliche Klima hier ist eisig“, findet sie.
Bislang sieht sie auch kaum eine Chance, zu etwas mehr Wärme untereinander beizutragen. „Die Menschen sprechen mit mir, auch Frauen, sie helfen mir, aber da ist immer eine Mauer dazwischen.“ Fremdenhaß? „Ich weiß es nicht. Ich sehe nicht aus wie eine Türkin. Ich trage die hiesige Kleidung, und mein Mann ist halbdeutsch. Mir fehlt das Ratschen mit den anderen Frauen. Wenn ich in Kemir ein Erlebnis hatte, das mich bewegte, dann habe ich es danach drei-, viermal mit anderen Frauen besprechen können und viele Meinungen gehört. Ich war nie allein. Immer waren andere Frauen um mich herum, nicht nur Verwandte, das vermischt sich. Man weiß bei einigen nicht mehr, ob sie verwandt sind oder bekannt oder einfach neue Nachbarn. Man ist Teil eines Ganzen und fühlt sich irgendwie beschützt. Hier lebt jeder und jede allein. Seit mein Sohn Hussein auf der Welt ist, habe ich sehr den Kontakt zu anderen Frauen gesucht, vor allem zu andern Müttern. Ich bin zu Müttertreffen gegangen und in Gymnastikgruppen. Aber gefühlsmäßig tut sich da nichts zwischen den Frauen. Es geht nur um die Sache, und danach geht jede wieder allein nach Hause. Also treffe ich mich jetzt wieder mit anderen türkischen Frauen. Zwischen uns ist sofort ein Band, obwohl ich diese Frauen ebenfalls kaum kenne. Wir sprechen nicht einmal türkisch miteinander und verbünden uns ganz gewiß nicht gegen Deutsche, aber wenn wir zu zweit

oder zu dritt auf dem Spielplatz sitzen, dann ist klar, daß die Kekse für alle Kinder sind und jede auf alle Kinder achtet. Das habe ich bei deutschen Frauen nie erlebt. Ich traue den deutschen Frauen ohnehin nicht so recht über den Weg. Eine Deutsche hat sehr lange versucht, mir meinen Mann auszuspannen, als ich noch in der Türkei lebte und er schon hier. Sie tut jetzt, als wäre nie etwas gewesen, niemals hörte ich ein Wort der Erklärung von ihr. Statt dessen lächelt sie und ist äußerst freundlich, aber das ist nicht ehrlich. Ich weiß, daß sie meinem Mann, wenn ich nicht dabei bin, noch immer schöne Augen macht. So etwas gäbe es nicht unter den türkischen Frauen, die ich kennengelernt habe. Vielleicht hängt das mit unserer Erziehung oder unserem Glauben zusammen, doch der Mann einer anderen Frau ist nun einmal nicht mein Mann. Außerdem ist mir meine Ehe hoch und heilig, und ich werde zu meinem Mann halten und nicht mein Glück bei einem anderen suchen, falls es einmal Probleme gibt.

Der Alltag der Frauen in der Türkei ist schöner, selbst wenn sie viele Kinder haben und wenig Geld. Da geht keine Frau allein einkaufen, keine wäscht allein ihre große Wäsche, immer sind andere da, und vieles ist so lustiger und einfacher. Ich weiß nicht, ob ich mich eines Tages umgewöhnen kann. Wir haben jetzt vor, auch deutsche Frauen in unsere Gruppe einzuladen, um mit ihnen Feste zu feiern, aber ich weiß nicht, ob sie kommen werden, und ich habe auch ein bißchen Angst, daß unsere Gruppe dann nicht mehr den Zusammenhalt hat wie heute."

Über das Leben der Frauen hinter dem Schleier wurde eigentlich erst in den letzten Jahren verläßlich berichtet. Da wurde mit einigen Legenden aufgeräumt und zum ersten Mal die authentische Lebenssituation der Frauen beschrieben. Das gilt auch für die bislang kaum beachtete arabische Republik Jemen, die bis zur Revolution 1962 westlichen Einflüssen völlig verschlossen war. Die Frauen dort – von den Männern unterdrückt, zu einem Dasein hinter dem Schleier gezwungen, durch zu frühe und zu viele Geburten gesundheitlich geschädigt, sozial mißachtet, der Willkür der Eltern und des Mannes ausgeliefert.
Aber es gibt noch eine andere Seite des Frauenlebens im Jemen. Die Entwicklungshelferin Gisela Frese-Weghöft lebte fast drei Jahre in der arabischen Republik Jemen und „lernte auch die Lebendigkeit, die soziale Aufgehobenheit und das Heimatgefühl, die Lebensfreude in dieser eigenständigen Welt der Frau kennen, in der Geburt, Feste, Tänze, Gespräche und Essen sich in völliger Trennung von der Welt der Männer abspielen".

Sie stellte fest, daß diese Frauen zwar ein abgeschiedenes verstecktes Dasein führten, „sich aber unter ihren schwarzen Scharschaffs (Schleiern) und in ihren Lehmhochhäusern starke Persönlichkeiten verbergen". Über das ganze Jahr verteilt finden ständig sogenannte Frauennachmittage statt, an denen nicht selten bis zu hundert Gäste teilnehmen. Ihnen gehen meist „intime" Mittagessen voraus, bei denen nur etwa zwanzig Frauen zusammensitzen. Und anläßlich einer Geburt veranstalten die Frauen ganz besondere Zusammen-

künfte. Während der vierzig Tage nach der Niederkunft darf die Mutter im festlich geschmückten besten Zimmer des Hauses auf einem thronähnlichen Bett liegen. Dort empfängt sie ihre Freundinnen und Nachbarinnen. Die jungen Mütter sind während der ersten vierzig Tage keinen Tag allein. Für die Frauen, die in Großfamilien leben, ist das eine sehr zweckmäßige Einrichtung, können sie sich doch von der Geburt erholen, ohne von der Arbeit oder ihren Männern angestrengt zu werden, denn die dürfen das Zimmer während dieser Zeit nicht betreten. Für die Mütter bedeuten die Besuche der anderen Frauen eine große Ehre und für die Besucherinnen eine willkommene Abwechslung.
Die Menschen im Jemen leben zwar nach Geschlechtergruppen getrennt, sind aber zum großen Teil immer noch in größeren Familienverbänden oder gleichgeschlechtlichen Freundesgruppen integriert. Den Männern ist es aufgrund ihres Glaubens erlaubt, mehrere Frauen zu ehelichen, sofern die „Erste" standesgemäß ist. Doch was in unseren Breitengraden gewiß zu hysterischen Eifersuchtsausbrüchen führen würde, wird im Jemen meist als friedliches Miteinander praktiziert. Die Ehefrauen, häufig aus verschiedenen Generationen, sitzen oft zusammen. Sie fühlen sich zufrieden in ihrer Geborgenheit und fürchten sich vor einer Außenwelt, in der zu leben sie nicht gelernt haben.
„Überall strömt mir so viel Wärme und Herzlichkeit entgegen, wie ich es aus meiner Welt nicht kenne. Unter meinem Halbmond schlagen die Herzen kälter als unter dem Helal. Vielleicht führt das abgeschiedene Leben in der Unsichtbarkeit, das zu wenigen Ablenkungen Möglichkeit bietet, dazu, daß Gefühle intensiver sind."

Frau Frese-Weghöft begleitet ihre arabischen Freundinnen so oft es geht zu Frauenfesten und Zusammenkünften.

„Nachmittags treffen wir uns, um zusammen zu dem Fest zu gehen ... Der Raum ist bereits überfüllt, als wir ankommen, aber in der Menge fühlen sich die Mädchen wohl. Die Stimmung ist lustig, und die Frauen können es nicht abwarten, bis getanzt wird ..."

Zwischen den jemenitischen Frauen und der deutschen Entwicklungshelferin entwickeln sich schnell enge Freundschaften. Die Frauen gehen unbefangen auf sie zu und scheuen sich nicht, die – nach westlicher Meinung – indiskretesten Fragen zu stellen. Durch den ständigen Umgang mit anderen Frauen sind sie daran gewöhnt, keine Geheimnisse voreinander zu haben. Wer etwas verschweigt, hat in ihrer Sicht vielleicht etwas Unmoralisches getan.

„Die Frauen kümmern sich sofort um eine Neue", erzählt eine ihrer Freundinnen Gisela Frese-Weghöft, „sie sind sehr neugierig auf neue Menschen, aber sie können auch niemanden in seiner Einsamkeit und Fremdheit belassen. So etwas entspräche nicht ihren kulturellen Werten."

Bei einem Urlaub in der deutschen Heimatstadt fällt der Autorin auf, daß es nicht nur eine Floskel ist, wenn sich arabische Frauen gegenseitig als Schwester anreden. „Denn hier ist es auf einmal nicht mehr selbstverständlich, daß ich mit einer wildfremden Frau rede, nur weil wir das gleiche Geschlecht haben. Wie oft sprechen mich im Jemen Frauen an, laden mich ein und behandeln mich freundschaftlich, nur weil ich ihre Schwester bin ... Hier habe ich nur wenige Schwestern, solche, die ich schon lange kenne und die meine Freundinnen sind..." Und erst hier merkt sie, wie stereotyp die Fragen ihrer Landsleute sind. „Nur einige wenige gibt es, die tiefergehendes Interesse haben, offen sind und ihre Meinung erst bilden, nachdem sie mehr gehört haben."

Nach ihrem endgültigen Abschied vom Jemen (sie ging als Entwicklungshelferin nach Afrika) stellte sie fest, wie sehr ihr die Frauennachmittage fehlen und die Nähe, die sie dort erlebte.

Nach: Gisela Frese-Weghöft
„Ein Leben in der Unsichtbarkeit"
rororo

13. Kapitel

Vom Umgang mit der weiblichen Rivalität

Rivalität unter Frauen – nur eine Zeiterscheinung? Ganz und gar nicht. Weibliche Rivalität bestimmt seit jeher das gesellschaftliche Selbstverständnis.
Da wären zunächst die klassischen Rivalinnen: Die böse Schwiegermutter, allzeit bereit zum Angriff auf jene Frau, die ihr den Sohn nahm und/oder andersherum: die Schwiegertochter, nebenberuflich Ehefrau, immer bemüht, besser, viel besser zu sein als das Vorbild. Denn es gilt, die Frau zu übertrumpfen, die die erste war im Leben des geliebten Mannes: seine Mutter.

Wer hat nicht schon gelacht über pointiert formulierte Histörchen, die fast jede Familie zu erzählen weiß?
Und dann sind da noch die Märchengestalten von einst, die immer häufiger auch in der Gegenwart und Realität anzutreffen sind: sogenannte Stiefmütter, -schwestern und dergleichen. In jedem Fall benachteiligt und, weil zu spät und als Ersatz gekommen und deshalb böse und immer im Zwiestreit mit denen, die den gleichen Status innehaben, nur eben ohne das „Stief". Im Klartext: Stiefmütter und Mütter, Schwestern und Stiefschwestern liefern sich seit jeher heiße Duelle.

Gesteigerter Aufmerksamkeit durften sich in den vergangenen Jahren zwei weitere klassische Rivalitäts-Vorbilder erfreuen: Geliebte und Ehefrau beziehungsweise Ehefrau und Geliebte. Die eine begehrt, was die andere hat, die Kämpfe indessen lösen sich nicht selten vom eigentlichen Ob(Sub-)jekt der Begierde und manifestieren sich in wilden Schlachten um Weihnachts- und andere Festtagstermine oder eine gerechte Aufteilung der Wochenenden. Wen wundert's schon, daß diese Dreieckskonstellationen am meisten dem „geplagten zerrissenen Opfer", dem Mann, zusetzten?

Und noch ein bücherfüllendes Beispiel in Sachen Rivalität und holde Weiblichkeit: die Exfrau contra die Frau, die es lange noch nicht werden, die *seine* Frau bleiben will; auch Nachfolgerinnen haben's schwer.

Weibliche Rivalität – sie ist ja so alltäglich, daß sie beinahe nicht mehr zur Kenntnis genommen wird. Doch sie ist weiterhin tabuisiert und wohl gerade deshalb so vielschichtig. Denn fern aller konkreten Interessenkonflikte um Jobs, Männer und dergleichen gibt es noch eine andere Rivalität, und die ist schwer zu beschreiben und noch schwerer zu begreifen.
Gemeint ist dieses Ausmaß an weiblichem Neid und Rachegelüsten, das zutage tritt, wenn beispielsweise ein Mann in Gesellschaft seiner brünetten Begleiterin, einer langbeinigen blondgelockten Frau – zu – deutliche Beachtung schenkt; gemeint sind die zwanghaften Blicke von den eigenen Beinen auf die der anderen und das selbstzufriedene triumphierende Lächeln nach der Feststellung, daß die eigenen doch deutlich schlanker sind.

Die Rede ist auch von jenen – ach so – guten Zuhörerinnen, die ihre Ohren nur zum Lauschen der Schauergeschichten der von Liebeskummer gebeutelten Geschlechtsgenossinnen zu haben scheinen und ihr ganzes Glück aus dem Unglück anderer beziehen (ein tragischer Beweis für diese Unsitte ist der reißende Absatz sogenannter Wahrer-Geschichten-Heftchen, in denen es von weiblichen Tragödien geradezu wimmelt). Ich meine außerdem dieses Zittern und Bangen, das eine Frau befällt, wenn der Freund oder Mann erzählt, er habe die Bekanntschaft eines außergewöhnlich talentierten Professors gemacht, und sie im stillen fleht, daß es sich bitte, bitte nicht um einen weiblichen Professor handeln möge. Und aus dem gleichen Stoff sind die Motive für die weibliche Hoffnung, daß die Sekretärin des eigenen Mannes häßlich, alt und strohdumm sein möge...

Es klingt lustig und man könnte beinahe darüber lachen, wenn es nicht so absolut traurig wäre.
Was ist nur mit den Frauen los?
Gar nichts Besonderes oder zumindest nichts Neues, denn Rivalitätsgedanken, Konkurrenzkampf und der Wettstreit untereinander haben offenbar seit jeher zum weiblichen Leben gehört. Die meisten Mädchen werden im Bewußtsein weiblicher Rivalität erzogen. Kleine Mädchen rivalisieren zuerst mit der Mutter – um die Liebe des Vaters, später miteinander um den bestaussehenden Jungen an der Schule und noch später um den Ehemann, der die beste Partie ist. Dazu gesellt sich dann noch die berufliche Konkurrenzsituation.
Aber warum das alles?

Weil sich Frauen dem Dogma männlicher Schönheitswertung willig unterwerfen?
Weil es ein weibliches Grundbedürfnis ist, größtmögliche Schönheit anzustreben?
Weil Werbung, Medien und ganze Industriezweige davon leben, Frauen in die Schlacht um die höchste Attraktivität zu schicken?
Titelblätter und Schönheitswettbewerbe unterstützen das weibliche Streben danach, die Schönste zu sein. Frauenblätter zeigen das Bild der perfekten Ehefrau, die gleichzeitig erfolgreiche Karrierefrau und nebenbei Mutter ist – und eine phantastische Geliebte natürlich sowieso. Außerdem findet sie auch noch Zeit für Weiterbildung, Sport und ab und zu einen kleinen Seitensprung zwecks Selbstaufwertung. Was wäre denn, wenn keine mehr diesem Idealbild folgte, aus dem Rahmen fiele, ihre Unvollkommenheit annähme, auch dann, wenn die Figur ihrer Nachbarin zehnmal schlanker, der Busen der Freundin hundertmal straffer und der Job der Vorgängerin weit angesehener wäre?
Was wäre, wenn Frauen so viel Selbstsicherheit entwickelten, daß sie sich an keinen Leitbildern und keinen Vorgaben mehr orientieren müßten und statt dessen endlich dazu kämen, ihr Leben miteinander sogar womöglich zu genießen?
Die englische Autorin Charlotte Pilman entwarf dieses Traumbild bereits 1912 in ihrem Roman „Herland“. Sie erzählt von einem Land, in dem es nur Frauen gibt und die Frauen – ohne Männer – nur Mädchen gebären. Alle Frauen kümmern sich hier liebevoll um die Erziehung der weiblichen Nachkommenschaft. Die heranwachsenden Mädchen dürfen auch rivalisieren – aber nur in

Wettkämpfen, bei Spiel und Sport, so wie der Rivalitätsgedanke in unserer Gesellschaft den Jungen ja auch nahegebracht wird. In diesem Land gibt es keinen Neid, und äußere Schönheit ist nebensächlich, weil ohne wirklichen Wert, was alle Frauen zu einer freundschaftlichen Solidarität animiert.

Da in der Realität demnächst nicht damit zu rechnen ist, daß sich die männliche Gattung von unserem Planeten entfernt, müssen wir wohl andere Wege finden, dem bösen Spiel ein Ende zu bereiten. Oder unser Potential an Konkurrenz- und Neidgefühlen zumindest in positive Bahnen lenken.

Der verbissene Kampf um die größere Schönheit jedenfalls ist so quälerisch wie sinnlos und dient einzig dem Verdienst einer riesigen Kosmetikindustrie oder gierigen Schönheitschirurgen.

Eine *faire* Auseinandersetzung um berufliches Weiterkommen oder ein sportlicher Wettstreit jedoch käme allen Frauen zugute – schließlich gilt es die Weiblichkeit zu stärken, die einen schweren und langen Kampf zu führen hat, der nur gemeinsam gewonnen werden kann, den Kampf für und um die Gleichberechtigung.